JN095063

どんな試験も
一発合格する

完全
独学術

山口真由

SB Creative

どんな試験も一発合格する
完全独学術

山口真由

はじめに

「司法試験に合格するために1日19時間半勉強しました」
というエピソードは、話のネタとしては鉄板です。盛り上
がるので、いろいろなところでお話ししています。しかし
正直なところ、1日19時間半も勉強したのは2週間だけ
ですし、そういった詰め込みが「効率的」だとはまったく
思いません。試した私がいうのだから本当です。

　本書でご紹介するのは、誰でも成果を出せる「効率的」
な勉強方法です。皆さんが、迷わず自信を持って実践でき
るよう、徹底して具体性にこだわりました。「7回読み」
勉強法については、他の著書でも何度かお話ししたことが
ありますが、これほど細部にこだわってみっちりとお話し
しているのは本書だけです。

「7回読み」というのは、同じ参考書を7回繰り返して読
む勉強法です。ただし、読み方は一様ではありません。ま
ずは、サーチライトをジグザグにあてるように見出しを拾
っていく「サーチライト読み」。ここで大体の内容を頭に
入れたら、次は行に沿って文字をたどる「平読み」。そして、
読んだ後に単元の内容をまとめる「要約読み」。この3つ
の読み方が「7回読み」の基本です。

　手前味噌のようで恥ずかしいですが、本書はこの「7回
読み」の練習にうってつけの教材ではないかと思っていま

す。横書きの文字、見出しの大きさや配置、そして挿入されている図やコラムまで、意識的に参考書の形態を模しているからです。ぜひ本書で「7回読み」を試してみてください。

　とはいえ、「参考書は7回読むべきだ！」と申したいわけではありません。本書を通して皆さんに一番お伝えしたいことは、「自分に合った勉強法を見つけてほしい」ということです。

　社会に出て働いていればストレスもあるでしょうし、落ち込む日もあるでしょう。「今の自分を変えたい」と思うけれど、その方法がわからないと葛藤することもあるでしょう。そんなとき、勉強法さえ知っていれば、一歩ずつですが、確実に新しい知識を得て、次のフェーズへ進んでいくことができます。

　正しい勉強法は、自分を一気に変身させられるような「魔法」ではありません。着実な「実践」だからこそ、確かな一歩になるのです。自分に合った勉強法を手に入れるということは、つらいこと、楽しいこと、今の自分への不満、そういったことのすべてを前に進むエネルギーへ変えてくれる力を持つこと。本書が少しでもそのお役に立てれば、これほどうれしいことはありません。

　最後に、本書は2018年10月に出版した『東大首席・ハーバード卒NY州弁護士が実践！誰でもできる〈完全独学〉勉強術』を新装したものです。内容は変わっていません。装丁違いを買っておこうという人がいらっしゃれば、もち

ろんとってもうれしいですが、「あれ、おんなじ内容じゃ
ないか、どこが変わったんだ」と悶々とする人がいると申
し訳ないので、あらかじめ、ここでお伝えしておきます。

本書は、2018年10月刊SB新書『東大首席・ハーバード卒NY州弁
護士が実践！誰でもできる〈完全独学〉勉強術』を一部改稿およ
び改題のうえ刊行したものです。文中の著者の肩書等は執筆当時
のものです。

プロローグ
なぜケタ違いの結果を出せるのか

　私は東京大学法学部に現役合格し、大学３年生のときに司法試験に一発合格、大学４年生のときには国家公務員Ⅰ種試験（現・国家公務員総合職試験）にも一発合格しました。

　東大では、卒業までの４年間で162単位を履修して、そのすべてにおいて「優」の評価を得ました。教養科目はすべてが、ほぼ満点。法学部の成績優秀者として「東大総長賞」を受賞し、首席で卒業しました。卒業後は財務省に入り、主税局で勤務。その後、日本での弁護士経験を経て、ハーバード・ロースクールに留学し、ニューヨーク州弁護士資格を取得。

　こうした私の経歴を知った人には、「天才ですね」なんていっていただくこともあります。でも、「天才ですね」なんていわれるたびに、私は違和感を覚えます。私はけっして天才ではないからです。むしろ凡才の部類に入ると思っています。こんなことをいうと反感を持たれるかもしれませんが、私自身は本当にそう思っているのです。

　私が東大受験も司法試験も国家公務員試験も一発合格できたのは、教科書を７回読むことに徹したから。

　この「7回読み勉強法」だけで、難関試験を突破してきたといっても過言ではありません。この方法は誰に教わったわけでもなく、私自身が中学時代から試行錯誤しながら確立してきたメソッドです。この点において私は自分に誇りを持っています。

　教科書の「7回読み勉強法」については、これまでの拙著でも触れてきました。しかし、その具体的な方法論については、読者の皆さんがそのまま実践できるような説明をしきれていませんでした。その反省から、本書では皆さんが私の勉強法をちゃんと実践できるように、詳細に説明していきたいと思います。

　それにしても「なぜ教科書を7回も読まなければいけないの？」と思うことでしょう。その答えはいたってシンプルです。

　私は教科書を7回も読まなければ、頭に入らないのです。

　東大時代も財務官僚時代も弁護士になってからも、まわりの同級生や同僚、上司たちに教科書を7回読むという話をすると、必ずといっていいほど「すごいね！」と驚かれます。聞いてみると、誰ひとりとして教科書を7回も読んだ人はいないのです。多くてもせいぜい2回程度。「教科書は読まない」という人さえけっこういました。

　私のまわりにいる同じような学歴や職業の人たちは、私のように教科書を7回読まなくても1回か2回読めば（あ

るいは読まなくても）勉強ができた人たちが多いようです。

　私にいわせれば、そういう人たちこそ天才。「きっと頭の出来が違うんだろうな」と思います。もっとも本当の天才はさらにレベルが高く、努力する必要すらない人なのかもしれません（少なくとも私は、そういう人には出会ったことがありませんが……）。

　教科書であろうと法律書であろうと、私は7回読まなければ、まわりの人と同じ程度に理解できない頭の持ち主だと自覚しています。だからこそ7回読むというメソッドにたどり着き、それを中学から高校、大学を経てキャリア官僚、弁護士、そして現在に至るまで徹底して続けてきたのです。

　私だって、7回読むのはけっして楽ではありません。それでも7回読むのは、そうやって努力してこそ、私のまわりにいる"ほぼ天才"の人たちと同じ土俵に立っていられると思うからです。

　天才なんて、そうそういるものではありません。これは世間的には、いわゆる「高学歴」「エリート」と呼ばれる人たちに囲まれてきた私自身が実感していることです。いたとしても、せいぜい"ほぼ天才"か、そうじゃなければ愚直に努力し続けてきた努力家の人たちなのです。

　私もまた"ほぼ天才"たちが集まる環境にポツンと放り込まれた努力家なのだと思います。だからこそ「天才です

ね」なんていわれると、妙な違和感を覚えるのです。

　見方を変えれば、私は"ほぼ天才"の人たちと肩を並べるくらいになれるメソッドを知っているといえます。その技術の根幹となるのが、「7回読み勉強法」なのです。

　これから、凡才でありながら"ほぼ天才"の人たちと太刀打ちしてきた努力家である私の勉強法を、文系科目の日本史と理系科目の数学を題材に具体的に紹介していきます。

　大多数であるはずの普通の人が本書のメソッドを身につけ、努力を重ねることで、大きな成果をあげるための参考になれば、著者としてこのうえない喜びです。

どんな試験も一発合格する
完全独学術
目次

第1章

目的までの最短距離を見つける

パート 01 レベルの高いところに身を置くと楽

✏ 小学6年生で目指した「21人」

　私は小学6年生のとき、キャリア官僚になるという夢を抱きました。そのきっかけは、たまたま観たNHKの『官僚たちの夏』というドラマ。作家の故・城山三郎さんの小説が原作で、高度経済成長時代の通商産業省（現・経済産業省）のキャリア官僚たちの姿を描いたドラマです。

　小学6年生の私にとって志と覚悟を持ったキャリア官僚は、現代に生きる武士のように思えました。そして、キャリア官僚という職業に憧れを抱いたのです。両親に聞くと、キャリア官僚の多くは東大法学部卒だといいます。ならば、私も東大法学部卒になろう。そのためにもっと勉強しようと思いました。

　小学生のころ、同じ学年やクラスで「運動ができる子」とか「絵がうまい子」といった定評（キャラ）がそれぞれに自然とついていたと思います。私の場合のそれは「勉強ができる子」。とはいえ、ずぬけて勉強ができたというわけではありません。

　それでも、勉強を究めて東大法学部に入って、将来はキャリア官僚になること自体、小学生の夢としては違和感がなかったのだと思います。

　私の両親はともに医師です。幼い子にとって両親は最も身近な存在。小学6年生のときにキャリア官僚になろうと思う前は、なんとなく「お医者さんになりたい」と思っていました。しかし、私は解剖が大の苦手。解剖の授業を受けてからは、医師という職業に対する憧れがしぼみかけていました。そんなところで文系のエリートであるキャリア官僚のドラマを観たのですから、私の目にはとても魅力的に映ったわけです。

　キャリア官僚になるということが頭の片隅にある状態のなか、小学6年生のある日、私はある新聞記事を見つけました。そこには「今年から大蔵省（現・財務省）に入省した21人」との見出しが！入省者数は年によって多少変動するのですが、とにかくその記事を読んで私のやる気にスイッチが入ったのです。

「21」という数字を紙に書いて学習机の見えるところに貼り、大蔵官僚になる決意を形にしました。

　大蔵官僚の21人に入るためには、東大に入らなければならない。実際は東大卒以外も入省しているのですが、キャリア官僚の多くは東大卒。やはり東大に入らないといけない。小学6年生ながらそう逆算して、東大に入ることが

私の目標になったのです。

　もちろん、この 21 人に入るのが相当難しいことは、小学 6 年生ながら理解していました。東大（文科Ⅰ類）の入学者数が年 500 人くらいと知ったのも、このころです。「東大は 500 人なのに、大蔵官僚は 21 人かー」と思った記憶があります。それまでの目標といえば、せいぜい「テストで 100 点！」といった程度。将来に向けた目標を立てたのは、そのときがはじめてです。

　元野球選手のイチローさんは、「実現可能な、高過ぎない目標を設定する」とおっしゃっています。まさにその通りで、現実味のない高過ぎる目標を設定すると、なかなか達成できません。どこかで「どうせ無理だろう」と思ってしまうからです。そう考えると、小学 6 年生にして私が立てた「東大に入ってキャリア官僚になる」というのは、目標ではなく、当時は夢の範疇だったと思います。

🖊 勉強のモチベーションは恐怖心

「東大に入ってキャリア官僚になる」という夢の実現のために勉強する――そんな目標が明確になったわけですが、一方で小学生のころの私は、ある恐怖心に苛まれていました。

　そのころの私は「勉強ができる子」というキャラが自分の存在価値だと思い込んでいたので、テストの成績が下がることに過剰な恐怖心を抱いていたのです。そのキャラを

保つことが私の生命線だとさえ思っていたので、一所懸命に勉強していました。今振り返ればバカバカしく思えますが、当時は真剣にそう思っていたのです。

　中学校は地元の札幌市にある公立校に通うことにしました。そこでは定期テストの成績の順位が学校の廊下に貼り出されるといいます。成績の序列が目に見える形で公表されるようになるのです。

「勉強ができる子」というキャラが生命線だと思っていたわけですから、中学校に入学して早々、プレッシャーは半端ではありません。もともと臆病な性格ということもあり、自分の存在価値が崩れてしまうことに異常な恐怖心を抱いていたのです。

　当時の私の最大のモチベーションは、「勉強ができる子」という存在価値を失うことに対する恐怖心にあったのです。

　中学生になって初の定期テスト。自分なりに一所懸命に勉強したところ、学年2番になりました。1番は、同じ小学校の同じクラスの子。上々の成績で自分の存在価値を保てたことに、ホッと胸をなで下ろしつつ、身近な存在が1番だったことで、こう思いました。

「あの子が1番なら、手が届かなくはない。頑張れば私だって1番になれるかも」

　そこで、その次のテストでもっと頑張って勉強したら、

今度は学年1番になりました。

　学年1番になってからも、つねに「次のテストで成績が下がるかも」という恐怖心を抱いていました。だからこそ、それまでの成績に甘んじることなく、崖っぷちに立ったような気持ちで必死に勉強できたのだと思います。すると、想像以上の成績が出る。「それなら、もうちょっと上にいけるかな？」と思い、「じゃ、やってみようか」という好循環が生まれ、より上を目指すようになっていったのです。

✎ 札幌から東京の進学校に越境入学

　今振り返ると、中学時代の私の勉強法は、とても甘かったと思います。中学生の勉強なんてそんなものだろうとは思うのですが、まだ本書で紹介する「7回読み勉強法」も確立していませんでしたし、ただなんとなく試験に向けて勉強していたという感じです。

　それでも成績が学年1番になれたのは、あくまでも相対的な結果だと思います。地方の公立中学校のことですから、都内の有名校のように勉強のできる子が集まっているわけではないからです。

　しかし、中学3年生のときに大きな転機が訪れました。私は現在に至るまで、人生において「塾」というものに通ったことはありません。しかし、自分の学力を試すため、ある全国模試を受けてみました。それが中学3年生のとき。ちょっとした腕試しのつもりでしたが、自分でも驚くこと

になんと全国トップの成績をとってしまったのです。

　ちなみに全国トップをとったのは、それ以降1度もありません。あの全国模試では、自分の実力以上の幸運が起きたような気がします。

　私は札幌南高校という北海道では屈指の公立進学校に入るつもりでいました。小学生のころから抱いていたキャリア官僚になるという夢を逆算し、札幌南高校から東大法学部に入るという計画を立てていたのです。

　ところが、全国模試でトップをとったことによって、お会いしたこともない塾の先生から「山口さん、東京の進学校に行ってみたらどうですか」というお電話をいただいたのです。

　北海道から東京の高校に越境入学するなんて、考えたこともない選択肢でした。東京の進学校といえば、小学生や中学生のころから進学塾に通い、とてつもなく勉強をしている子ばかりに違いない。突如として、とてつもなく高いレベルの話が出てきて、はじめはただただ驚くばかりでした。

　しかし、何度も何度も考えているうちに、次第にその塾の先生の提案が現実味のあるものに思えてきて、私はその気になりはじめました。私の夢は、キャリア官僚になること。そのために東大法学部に入る。東大法学部に入るためには、東大入学者がたくさんいる東京の進学校に入るとい

うことが合理的な選択肢に思えてきたのです。

　東京の高校を受験するというのは、私にとってはとてつもなく大きな挑戦でした。そもそも札幌で生まれ育った女子中学生が東京に出るということ自体、とても勇気がいることです。依然として「東京の有名校の子たちは、ものすごく勉強ができるに違いない」という未知の恐怖もありました。

　結果として、都内の筑波大学附属高校を受験し、無事に合格することができました。しかし、その瞬間から、「私は人よりたくさん努力しないと人並みにすらなれない」という恐怖心は、さらに強くなりました。

✏ "私を東大に運んでくれる"という感覚

　札幌から東京に出てこられたのには、ひとつ大きな理由があります。父方の祖母が横浜在住で、一緒に暮らすことができたからです。筑波大学附属高校は肉親との同居が条件。その条件はクリアしたわけです。もっとも、私は東京の生活をまったく具体的に想像できていませんでした。今思えば、その無鉄砲さゆえに東京へ飛び出す決断をできたのでしょう。

　高校入試の成績がどのくらいだったのかはわかりません。入学式では入試で成績トップの生徒が挨拶をしていたので、少なくとも私がトップでなかったことだけは確かです。入学当初は「みんな、私より相当賢いんだろうな」と

思っていました。そして、「東京の子たちはみんなとっても賢い。私は誰よりも努力しないと人並みになれない」と思いました。

　実際、毎年たくさんの東大入学者を輩出する筑波大学附属高校には、札幌の中学校時代より、さらに「できる子」たちが集まっていました。恐怖心は今までとは段違いです。しかし、そういう環境が私には向いていたのでしょう。

　そして迎えた1学期最初の校内試験。筑波大学附属高校の試験は絶対評価が特徴で、成績順位を出しません。つまり、人と比べない。"昨日の自分と戦う"という方針なのです。恐怖心を克服する唯一の手段として、私は勉強に打ち込みました。

　筑波大学附属高校は国立校ということもあり、成績優秀者は「東大を受験するのが当たり前」という雰囲気がありました。だからこそ、まわりの同級生たちと同じように勉強していれば、"私を東大に運んでくれる"という感覚がありました。こうした環境は、もともと東大に入りたいと思っていた私にとっては、とてもありがたいものでした。

　地方の高校から、その高校唯一の現役東大合格者として東大に入ってくる人がいますが、そういう人は本当にすごいと思います。東大合格に向けて勉強する環境が整っている有名進学校とは違い、ほぼ独力で勝ちあがってくる地方の秀才は、"ほぼ天才"の部類に入るのかもしれません。

私はというと、高校1、2年生のころは、東大に入るという漠然とした目標はあったものの、受験勉強の定番「赤本」も買っていないし、過去問も解いていない。東大受験対策の勉強をしていたわけではありませんでした。

　私が東大受験の準備をはじめたのは、高校3年生になってからです。そもそも東大法学部に入るのが目標とはいえ、高校3年間を通してずっと「東大に入るぞ！」というテンションを保つのは難しいこと。ですから高校3年生までは、学校の授業と出された課題に集中して勉強していたのです。

　勉強は教科書ほぼ100％。進学塾や予備校にも、ほとんど通っていません。

✎ 厳しい競争環境のほうが楽に目標達成

　札幌から上京して筑波大学附属高校に入ったときも、東大に入ったときも、財務省に入ったときも、弁護士になったときも、新しい環境に突入するときには、「まわりの人は私より賢いんだろうな」という恐怖心を覚えていました。そして、「私が人並みになるには、人並み以上に努力しないといけない」という恐怖心の克服がモチベーションになっています。

　「環境は人を変える」とよくいわれますが、私自身も厳しい競争環境に身を置いたからこそ、過去も現在も頑張れているのだと思っています。

「もっとレベルが上のグループに入ってやろう」という野心は、あまりありません。それよりも「努力しないと落ちこぼれてしまう」という恐怖心を克服するために、努力を積み重ねてきたというのが正直なところなのです。

　これはスポーツの世界でも同じではないでしょうか。たとえば、サッカーがとても上手な小学生の場合、その子がサッカーの強豪中学に入ったり、有名なジュニアクラブチームに入ったりして、技術レベルの高い子が集まる厳しい競争環境に身を置くことで、まわりに負けじと努力して、まわりにもよい影響を与えます。だからこそ、その子も、まわりの子も潜在能力が伸ばされると思うのです。

　もっとも、なかにはサッカーでは無名校にいながら、Jリーグに入ってしまうような子もいるでしょう。そういう人材こそが"ほぼ天才"のレベルなのだろうと思います。東大にも、財務省にも、そういう人はいました。先ほど触れたような地方の公立高校から、ひとりだけ東大に現役合格するような秀才です。

　再三いうように、私はそうではありません。運動は不得意で音楽の才能もない私が唯一、存在価値を示せるのは「勉強ができる子」という点。その存在価値を死守するがごとく、勉強に邁進してきたのです。

　ですから、会ったこともない塾の先生から東京の進学校に入るという選択肢に気づかせてもらったことは、とても

ラッキーでした。まさに、私の人生の分岐点だったと思います。より厳しい競争環境となる選択肢を選んだことで、小学生のころからの夢であるキャリア官僚になるための過程となる東大法学部への進学が、より現実に近づいたからです。

　塾の先生の提案によって巡り合った厳しい競争環境が、私の潜在能力を伸ばしてくれました。ひとりでストイックに頑張るより、厳しい競争環境に身を置くほうが、結果として楽に目標達成できるのだと思います。

```
┌─────────────────────────────────────────┐
│   パート1のポイント                         │
│                                           │
│  ● 実現可能な、高過ぎない目標を設定する          │
│  ● 恐怖心やプレッシャーをモチベーションに変える     │
│  ● 厳しい競争環境が潜在能力を伸ばしてくれる        │
└─────────────────────────────────────────┘
```

パート02　1番にならなくてもいい 大切なのは"上位3割"

✏️ 目標達成のため真に意識すべきこと

　東大受験に際して私が考えたことは、「1番にならなくてもいい」ということでした。これは父から聞いたことなのですが、私に強烈なインパクトを与え、発想の大転換となりました。

　父が大学を受験した時代は、不合格者も自分の入試の成績を聞くことができたそうです。そして父の友人は、あと1点足りなかったために志望大学を不合格になったといいます。

　そんな友人の悲しい現実を目の当たりにした父は、「大学入試では1番になる必要はないんだ。1番で合格しても最下位で合格しても同じ。けれど、最下位で合格した人と、1点足りずに不合格になった友人とでは、まさに天国と地獄。大学入試では、合格者の枠のなかに入ることが大切なんだよ」と私に教えてくれたのでした。

　私が受験した当時、東大（文科Ⅰ類）の合格者数は500人くらい。1番になる必要はない。500番までに入ればい

いんだ──わかっていたようで、実はわかっていなかった
この事実は、目標とする東大合格の具体的な意味合いを私
に教えてくれたのです。

　そもそも「1番になる」ことは、満点をとれば達成でき
ますが、そうでなければ自分の努力だけではコントロール
できない不確実性が含まれています。「他の人が何点か」
によって、順番が変わるからです。自分がどんなに努力を
しても、たまたま自分より高得点の人がいれば、目標は達
成できません。

　私自身は、東大入試の目標として「どんなに調子が悪く
ても500番以内に入れる学力を身につけよう」と意識する
ようになりました。

　仮に東大入試当日、緊張したり体調が悪かったりして自
分の実力を発揮できなかったとしても、500番までには入
る"学力の余裕"を養っておく。ポイントは、「501番で
はなくて500番」──このことを私は強烈に意識しました。

　当時の東大（文科I類）受験者総数は、1500人くらい。
合格するのが500人くらい。つまり"上位3割"に入るこ
とが具体的なターゲットになったわけです。

🖋 500番は想定し得る"最悪の順位"

　私が東大受験の必要最低条件として目標にしたことは、
単に上位3割に入るということではなく、「どんなに失敗

しても上位3割に入る」ということです。

　大学入試センター試験（大学入学共通テストの前身）と東大の入学試験が自分としては最悪の成績になったとしても、上位3割に入る余力をつけることを必要最低条件としたのです。

　実際、私は東大の入学試験で、問題文の最後の1行を読み飛ばしてしまい、英語の大問を1問丸ごと落とすという手痛いケアレス・ミスを犯しています。読み飛ばした1行のために、完全に間違った答案を書いてしまったのです。

　試験後に電車で隣の受験生の会話を聞きながら、「あっ、ミスっちゃった！」と気づいて一瞬血の気が引きました。しかし、その大問を丸々1問落としても、なんとか上位3割に入るくらいの解答はできたという自信がありました。

　ある程度のアクシデントを折り込んだうえで、それでも、なんとか上位3割、つまり500番以内に入る程度の学力を養っていたのです。

　500番にぎりぎり滑り込むような心構えでは、本番でのほんの少しのアクシデントで500番に入れない可能性があります。東大の入学試験は、マークシート式ではなく記述式。記述式は部分点をとれるという設問上の特性があります。自分の知識を総動員して「部分点を稼ぐ」という"気合"みたいなものが合否の命運を分けるのです。

「他の試験科目で、大きなミスを犯してしまうかもしれない」——そうした想定のもと、「最悪でも、この科目のここだけは部分点をとる」という積み重ねがあれば、500番以内に入る可能性が高まります。

500番という順位は、あくまでも想定し得る"最悪の順位"です。繰り返しますが、どんなに試験の出来が悪くても、500番には入るということが東大入試に向けての私の必要最低条件でした。

✎ 自分の目標を現実に近づける

大学入試を含め、世のなかにはたくさんの試験があります。そうした試験は大きく2つの種類に分けられます。それは、「絶対評価」と「相対評価」の違いです。

絶対評価の試験には、たとえば運転免許試験があります。「合格基準に達したら人数にかかわらず全員合格」という試験です。この場合、シンプルに合格点に達することが目標になります。

一方の相対評価の試験には、大学入試や司法試験などがあります。合格者数があらかじめ決まっている試験です。東大（文科Ⅰ類）なら500人、弁護士なら1500人などと合格者数の枠が決まっています。この場合、「全受験者のなかで、自分が相対的にどの位置にいるのか」ということを冷静に分析しなければなりません。私が東大入試で立てた「最悪でも500番に入る」という目標は、明確な目安に

なるわけです。

　相対評価の試験の場合、「1番をとる」という目標は、下手すると自分を苦しめるだけの逆効果を生みかねないので要注意です。

　私が札幌にいた中学生のころは、東大に入るという目標はあったものの、東大はものすごく遠い存在に感じていました。全国の秀才たちが、東大入試でふるいにかけられ、残った"秀才のなかの秀才"が入学できる。はたして自分がそのなかに入れるのか、なんとなく想像できずにいたのです。

　それがあの塾の先生の一言をきっかけに、たくさんの東大合格者を輩出している筑波大学附属高校に入ってみると、東大に入るということが一気に現実味を帯びてきました。多くの先輩たちが東大に合格しているし、多くの同級生が東大を目指している。等身大の東大受験生が身近にいる環境のなかで、自分の夢が夢ではなく現実に近づいてきたのです。

　そんなときに気づきとなったのが、父の言葉だったわけです。父はこうも教えてくれました。

「東大に合格するということは、狭い穴に糸を通すようなことじゃない」

　1番になる必要はない。合格しさえすればいい。まさに

発想の転換でした。「上位3割に入ればいい」という視点があったからこそ、私は受験勉強をやり抜き、無事に東大に合格することができたのです。

✎ 目的と夢を混同しない

　私は目的と夢を混同しないように気をつけています。「目的を持たないと、目の前の目標が立てられない。目的があるからこそ、そこにたどり着くために目の前に小さな目標を立てる。その目標をひとつずつ達成していくことで、目的に手が届く」

　これはビジネス書などによく綴られているロジックですが、まさにその通りだと思います。最終の到達点が夢ではなく、あくまでも目的であることがポイントです。

　私にとって、夢は胸がときめくものですが、目的は現実的でドライなもの。

　小学6年生のときに抱いた「キャリア官僚になる」というのは夢です。この夢に「キャリア官僚として、この国に貢献したい」とか「ドラマで観たように、政治家に対しても信念を曲げない」といった理想を描くことができます。一方、国家公務員I種試験に合格するというのは目的です。合格というゴールとそれに至るプロセスが明確で、結果が出たら終了。私の場合、東大に合格することも、キャリア官僚になるという夢を実現するための過程、ただの目的に過ぎませんでした。

こうして目的と夢を混同しないことを、いつの間にか意識していたのです。

東大入試や国家公務員Ⅰ種試験、司法試験に受かること自体にロマンはありません。ただの目的なので、合格しさえすればいい。目的は、あくまでも目的でしかないのです。

目的達成のためには必要最低限のことしかしません。一番効率的な近道を選ぶのです。合格ラインぎりぎりでも、合格しさえすればいい。そうドライに考えます。

単純な話ですが、A地点からB地点に行くのであれば、この2地点を結ぶ直線を通るのが一番効率的で無駄のない近道となります。このように目的が明確ならば、一番の近道を通るべきだと思うのです。

しかし、目的と夢を混同してしまうと、「少々脇道にそれても、あとあと役に立つのではないか」などと遠まわりの道を、そうと知りながらあえて選んでしまいがちです。

私の経験からすると、たとえば司法試験を受けるときに有名な学者さんが書かれた法律書を読むのは、避けるべき。なぜなら、そうした法律書には、その学者さん独自の法解釈など「遠まわり」の要素が含まれているからです。司法試験で問われるのは学者さん独自の法解釈ではなく、あくまでも「基本」。その基本さえ押さえておけば、合格できるのです。

実際のところ、司法試験合格を目指す人のなかには、学者さんが書かれた法律書を何冊も読み込む人が大勢います。それは、目的と夢を混同している状態ではないかと思うのです。

　私自身は司法試験の参考書を買って、それを読み込んで合格しました。それが合格への一番の近道だったからです。

パート2のポイント

- 調子が悪くても目標を達成する実力をつける
- 最終の到達点には目的を置く。夢と混同しない
- 目的達成のためには一番効率的な近道を選ぶ

パート 03 私の東大合格法

✎ 教科書を通読して試験範囲を網羅

　ここからは東大入試に向けて、私がどんな勉強をしたかについて紹介します。私が本格的に受験勉強をはじめたのは、高校3年生のゴールデンウィーク明けからでした。前述の通り、学習塾や予備校といった外部の指導は一切受けていません。学校の教科書中心の完全独学です。

　まず心がけたのは、なるべく早いうちに学校の教科書を網羅してしまうこと。全科目の教科書を丸ごと1冊、なるべく早いうちに"さらっと"通読してしまおうということです。結果として、夏休み前までに全科目の教科書を通読しました。

　もっとも、1回読んだだけで全部が頭に入るわけではありません。もちろん、忘れてしまいます。それは想定内のこととして、だからこそ全科目の教科書を早い段階で"さらっと"通読したのです。そこから何回繰り返せるかが勝負。中学時代から定期テストの勉強を通じて、自分なりの勉強法ができあがっていたのです。

私は東大入試を高校の定期テストの"完全版"と捉えていました。

　高校の定期テストの出題範囲は学期ごとに小分けにされていますが、大学入試は高校3年間の教科書を集めてひとまとめにした集大成。出題範囲の広狭の違いはあるものの、勉強法の基本は大学入試も定期テストも同じだと考えていました。

　もちろん受験勉強をはじめた時点で、たとえば、社会は日本史を選択しようと受験科目のターゲットを絞りました。世界史は各国で起こった出来事を並行して学びますが、ひとつのストーリーになっている日本史のほうが私にとっては理解しやすい。日本というひとつの国のストーリーを学んでいく日本史は、私にとってはうってつけの科目だったのです。

✐ ノートは一切まとめない

　日本史というと、こんなエピソードもあります。日本史の授業は高校3年生からはじまるのですが、その授業の進み具合に私は焦りを感じました。1学期をまるまる「古代」に費やすくらい授業の進み方が遅かったからです。このままだと貝塚や石器の勉強だけになってしまい、受験に間に合いません。そこで、私は授業が先に進むのを待たずに、「自分でどんどん先に教科書を読み進めちゃおう」と思いました。
　そもそも、私の通った高校は受験対策の授業をほとんど

しない学校でした。小手先の受験テクニックを説くのではなく、大学に入ってからや社会に出てからも役立つ授業を意識していたのだろうと思います。

「テストの出題内容は全部教科書から出る」という基本に忠実な授業だったので、私も迷うことなく教科書中心の勉強法を突き詰めていくことができました。結果として、これが私にとても合っていたといえます。

「〇〇の参考書を使いなさい」とか「このプリントをやってきなさい」などと、教科書以外の課題を押しつけられていたら、勉強する内容がぶれてしまいます。さらに、自分で勉強法を工夫することもなかったと思います。

『東大合格生のノートはかならず美しい』（文藝春秋）という本が2008年にベストセラーになりました。しかし、私自身はノートを一切まとめませんでしたし、そんな時間があるのなら教科書を読んだほうが試験に役立つと考えていました。

　もちろん授業中はノートをとっていました。ですが、基本的にそのノートは見ません。ノートをとるのは、授業に関心を持って、熱心に聴いていることを先生に伝えるため。授業の内容は全部教科書に書いてあるのですから、教科書を読むほうが効率的なのです。

　受験に関していえば、ノートをすごくきれいにまとめる必要はないと思います。きれいにまとめることに集中して

しまうと、結果として勉強した内容があまり頭に入らないからです。

これはおそらく東大生独特の言葉だと思うのですが、「しけプリ」というものがあります。"試験用プリント"の略称で、授業の内容をまとめたノートのことです。

東大では誰かが上手にまとめてくれたノートのコピーが、しけプリとして出まわるのです。面白いことに、しけプリをもらった人のほうがそれを作った人より点数が上まわるということは、往々にしてありました。

きれいにノートをまとめるという行為は、きれいにまとめることで満足してしまう危険性があります。ですから、私は受験勉強に関してきれいにノートをまとめたことは、一度もありません。

✏ 過去問と模試で「己と敵の差を知る」

高校3年生のゴールデンウィークから夏にかけて全科目の教科書を通読したら、その後、繰り返し教科書を通読するようにしました。教科書を1回通読することをワンセットとして、「今日はワンセットのうち、半分までやろう」などと決めて、繰り返し教科書を読み込んでいったのです。

教科書の通読と並行して、東大の過去問を解いてみました。「彼を知り己を知れば百戦殆うからず」という孫子の有名な言葉があります。東大受験に関していえば、敵は東

大、味方は自分。東大の過去問を解くことで敵の情勢をよく知り、自分の実力との差を見定めるようにしたのです。

この時期に東大の過去問を解いてみるのは、「己と敵の差を知る」ためで、東大合格という目標と自分の実力との差を実際に測ってみる作業になります。

さらに自分の学力がどれくらいの位置にあるかを知るために模試を受けました。東大模試だけでなく全国模試はできるだけ受けるようにして、自分の学力の現状把握に努めたのです。

その間、教科書を繰り返し読み込むことは続けていました。受験日が近づくにつれ、実践形式に慣れるために問題集を解く割合が大きくなりました。それでも、基本はあくまで教科書を繰り返し読み込むことでした。

教科書を読む勉強法には弱点がひとつあります。それは読み続けているだけだと、文章がスムーズに書けなくなってしまうこと。受験勉強のインプットの面では絶大な効果を発揮するのですが、前述したように東大入試はマークシートではなく、記述式の問題が多くあります。

この弱点を補うために、一問一答の記述式の問題集を買って、固有名詞を正しく書くことも訓練しておきます。漢字や単語そのもの、カタカナの並びを間違えて読んでしまうことも多いからです。

教科書を繰り返し読んでいくと、頭のなかで教科書を再現できるようになります。しかし、一度間違って記憶してしまうと、間違ったまま再現し続け、その記憶が強化されてしまうことがありました。これを正しく直すために、記述解答式の問題集で正しい単語を確認するというわけです。

　私の場合、問題集はあくまでも"単語の誤認防止のため"と割り切っていました。ちなみに私は山川出版社の『一問一答日本史Ｂ　用語問題集』を活用していました。繰り返しになりますが、受験勉強の基本はとにかく教科書です。

パート3のポイント

- ●ノートをまとめる時間があるなら教科書を読む
- ●敵をよく知り、自分の実力との差を見定める
- ●アウトプットという弱点は問題集で補う

目標達成のメンタルトレーニング

✏️ 失敗転じて自信が深まる

　教科書を繰り返し読むという勉強法を続けていましたが、高校３年生の10月に受けた模試で、それまでにないくらい成績が落ちたことがありました。

　努力したのに結果がともなわなかったのです。自分の勉強法が正しいのか不安になり、「みんなと同じように塾に通ったほうがいいのかな」という考えが頭をよぎりました。

　筑波大学附属高校で東大を目指す同学年の生徒たちの多くは、塾に通っていました。塾では「まとめカード」を活用するという私の知らない方法で勉強しているという話を友人から聞いたことも、不安を増大させました。

　やっぱり受験のプロが教えている塾では東大入試の必殺技を教えているような気がして、「教科書を読み続けているだけで、本当に大丈夫かな」と不安になったのです。

それでも、私は自分の勉強法を変えませんでした。

振り返ってみると、それまでの定期テストや模試では私独自の勉強法でよい結果を出してきたのですから、成功体験のほうが圧倒的に多いわけです。

　センター試験まで残すところ３か月くらいになっていたところ、「ここまでやってきて今から違う方法に変えるのは効率が悪い」とも思いました。そして、自分の勉強法を信じて続けることで、「絶対によい結果が出る」と自分にいい聞かせました。そうやって、ひたすら教科書を読み続けたのです。そうすると、翌11月の模試では高得点。目の前の霧がサッと消えて、視界が開けたような気がしました。

　今でこそ私ならではの勉強法として「教科書を７回読めば大丈夫！」と思えるのですが、それもあのときに迷わず続けて、よい結果が出た成功体験があればこそ。司法試験も国家公務員Ｉ種試験も、迷わずにこの方法で合格したのです。

🖋 最悪の事態を想定して余力をつけておく

　翌月にセンター試験を控えた12月になると、実践対策です。私は基本的に目の前のひとつのことにしか集中できないので、１か月前からはセンター試験の実践対策に集中しました。具体的にはセンター試験の過去問を解いて、マークシート解答方式に慣れる訓練です。

　私は、現代文が苦手でした。教科書を読むだけでは力が

つかない科目の筆頭が、現代文だからです。パート7で説明しますが、苦手な科目は"守り"に徹して、得意な科目で"攻め"、総体として合格ラインを上まわるという戦略で克服しようとしました。

「苦手な現代文は確実にとれるところだけとればいい、それ以上に他の科目でとり返す」ということです。

「試験本番でケアレス・ミスするかもしれない」という懸念は、つねに頭の片隅にありました。だからこそ、少々ミスをしても合格ラインを上まわる余力をつけておくことを念頭に置いていたのです。

　1月のセンター試験本番でのこと。数学の試験を受け、着々と問題を解いていき、終了時刻直前になったころ。なんとマークシートの解答欄が1個ずつずれていることに気づいたのです。その瞬間、血の気がサッと引きました。

「これは0点になるかも！」と、一瞬大パニック。しかし、次の瞬間からすぐに淡々と修正作業をはじめられたのは、最悪の事態を想定していたからでしょう。結果として、「時間内に修正できた。今日はついてる！」と思う余裕がありました。

　そして、センター試験の自己採点では、なんとか目標の点数をとることができたのでした。

✏️ 「プラトー」がやってくる！

　私は、ものすごく凹みやすい性格でもあります。これまでいろいろなことで何度も何度も凹んで、くじけそうになったことがあります。東大受験に向けて勉強している最中にも何度も凹みましたが、そうした経験から「自分はどんなときに凹むのか」という私なりの "凹む仕組み" がわかってきたのです。

　努力すること自体は、けっしてつらいものではありません。つらくて凹んでしまうのは、努力をしたにもかかわらず、それに見合う成果が出ないときです。

　私自身の経験上、勉強することによる成長曲線は、50ページの図のようになっていると思います。縦軸は「成長の度合い」で最高値が100としましょう。

　実力が30しかない状態から50くらいまでは、努力をすればそれに見合うだけ必ず成長します。たとえば、高校3年生の夏まで部活動に熱中していた人。部活動を卒業して受験勉強に集中しはじめると、それまで偏差値30だった人でもみるみる伸びて、偏差値50くらいにはなれるものです。その過程の努力は、つらくありません。努力しただけ成長するのですから、むしろ楽しいと感じられるのではないでしょうか。

　最初の壁は、おおよそ50から60のあたりでやってき

ます。誰にでも一度は経験があると思うのですが、**努力し
ても、それまでのようには成長できなくなる状態**です。こ
れを「プラトー」といいます。

　プラトーとは「一時的な停滞」というような意味です。
努力の量や質にかかわらず、成長しない状態が続くのです
が、これはつらいもの。勉強でもスポーツでも頑張って努
力しているとプラトーは大なり小なり必ずやってくるとい
います。もっとも、つらい状況でも努力し続けていれば、
必ず抜けられるそうです。私の経験からしても、そう思い
ます。

✐ 抜けられない逆境はない

　東大入試、司法試験、国家公務員Ⅰ種試験など、これま
での試験勉強を通して、私は自分自身の"成長曲線"を客
観視できるようになりました。「どんどん成長できている
な」「プラトーにいるな」といった自分の置かれた現状を
客観視できるようになると、つらい状況でもずいぶんと気
持ちが楽になり、必要以上に凹むことがなくなります。

　**私は、何度も何度も「今は冬の時代だ」と思ったことが
あります。しかし、私の経験上、ずっと寒さが厳しい冬だ
ったことはありません。その次に必ず暖かい風が吹いて春
がやってきます。**

　つらいときに、私はこう思うことにしています。「人は
高く跳ぶ前に、必ず身をかがめる」。人が高く跳ぼうとす

れば、脚を深く曲げ重心を下げて勢いをつけなければなりません。つまり、「次に高く跳ぶために今は一度下がっているんだ」ということです。流れは必ず変わります。今のつらさは、その前の準備段階だと割り切って前を向くようにするのです。

東大受験でもつらい時期がありました。高校3年生の5月にはじめて東大模試を受けたのですが、その後、そのときの偏差値を上まわれないことが続きました。このときはとても憂うつになり、「東大合格は無理かな……」とかなり凹みました。

高校3年生の私は、毎日、毎日、東大に合格することだけを考えて勉強をしていました。毎日努力して勉強しているのに結果がともなわないと、「この1か月の努力はなんだったんだろう」と自分の努力を否定しそうになります。当時はまだ、自分の成長曲線を理解できていませんでした。だから、「これだけ努力しているんだから、きっと大丈夫」と自分にいい聞かせるしかありませんでした。

すると、翌月の模試で一転、成績が伸びました。今思えば、あれがプラトーの状態から脱した瞬間でした。当時はそこまで客観視できなかったのですが、「やっと暗いトンネルを抜けられた」とホッとしたものです。

今の私が高校3年生の私と会うことができるなら、「あなたは今、この成長曲線の、ここにいるのよ。今はつらいかもしれないけど、必ず暗いトンネルから抜け出せるから

ね」と勇気づけてあげられると思います。

　今、なんらかの逆境の最中にいる人に私は伝えたいです。プラトーという人生の踊り場は、さらに上昇するために必要なステップなのです。そのこと自体、チャレンジングで素晴らしいことですし、**必ず抜け出せるときがやってきます。**私の経験を振り返っても、プラトーの状態から抜け出せなかったことは一度もありません。

🖉 プラトーの先に立ちはだかるスランプ

　先ほどの成長曲線に話を戻すと、50 から 60 くらいでやってくるプラトーの状態は、遅かれ早かれ必ず抜け出せます。すると、その後、80 くらいまで一気に成長するときがやってきます。ここでひとつの成功体験が得られるはずです。しかし、80 を超えたあたりで、成績がガクンと落ちてしまうことがあります。これは「スランプ」です。

　勉強をするうえで、つらくて凹むのは、50 から 60 くらいにあるプラトーと、80 を超えたあたりでやってくるスランプの 2 つ。重要なことは、スランプというのは、必ず高いレベルを前提にしていることです。

　プラトーの状態なのに、「私、スランプになっちゃった」という人は多いです。私からすれば、まだ甘いです。プラトーは、まだまだ伸び代がふんだんに残された状態だからです。プラトーの状態は必ず抜け出せます。だから、「もうダメだ。東大はあきらめて志望校を変えよう」というよ

うに目標を変えてしまってはいけません。それなのに目標を変えてしまう人がとても多いのです。

東大模試の受験者数に比べ、東大入試の受験者数が極端に少ないのは、プラトーの状態で志望校を変える人たちが多いからではないかと想像します。

私は試験をたくさん受けてきた経験上、自分が今、成長曲線のどの位置にいるのかがなんとなくわかります。ですから、「今はつらいけれど、ここを抜けたらポンとあがるはず」という確信が持てます。そのため、プラトーの状態ではそんなに凹まなくてすむようになりました。

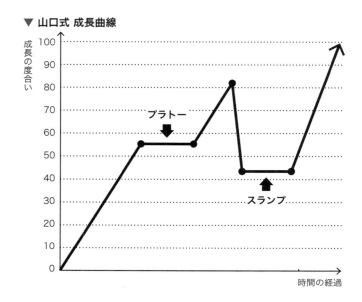

▼ 山口式 成長曲線

自分の成長曲線を客観的に判断できるようになった今では、仕事でプラトーになっても、そんなに凹みません。その一方、80を超えたあたりでやってくるスランプのほうは、今でもつらいものです。伸び代がおよそ20しかなく、かなり高いレベルにいるわけですから、プラトーの状態ほど余裕はないからです。

さらに、成長が横ばいになるプラトーとは異なり、スランプはマイナス成長です。今までできていたはずのことができなくなってしまうのですから、ショックも大きいのです。

「これ以上、どうしろっていうの！」という怒りにも似た気持ちにさえなることもあります。だからといって、スランプも乗り切れないわけではないのです。

📝 スランプに耐える2つの方法

ここで、私の"スランプ克服実体験"を紹介しましょう。

大学3年生のときに司法試験に合格しましたが、その後、弁護士になるための「司法修習」というものがあります。私が司法修習生だったころは、まず前期課程の授業や試験があり、その後、1年間の実務修習を経て後期課程の授業や試験を課せられました。さらに「2回試験」という丸1日がかりの試験が5日間もあり、それに合格してようやく弁護士になれるのです。

私がスランプを感じたのは、この後期課程の試験のとき。前期課程のときよりも、かなり悪い点数をとってしまい、試験官から厳しい評価を受けたのです。添えられた試験官のコメントは、「前期課程のときのような切れが見られない」「前期課程のときよりも明らかに後退しており残念」というものでした。

　前期課程を終えた私は、1年かけて努力して努力して努力してきたのです。それなのに、結果が「後退」。とても落ち込みました。努力したことが結果に結びつかない、成長しないというのは、かなりつらいものです。私は心が折れそうになり、まさにスランプに陥りました。

　スランプは必ずやってくるもので、なにをしてもうまくいかない状態だと、私は思っています。「ツキには流れがある」などといわれますが、そう感じます。なにをしてもうまくいく時期があれば、逆になにをしてもうまくいかない時期もあるのです。

　私の経験上、スランプから抜け出す方法は、2つしかありません。「なにもしないか」、それとも「あらゆることを試すか」。

　どちらの方法も、結果はそんなに変わらないのではないかと思います。映画『魔女の宅急便』で、主人公のキキがスランプに陥り、魔法が使えなくなります。やる気を失ったキキに森のなかで出会った絵描きが「まずジタバタすること」、それでもダメだったら「なにもしないこと」とア

ドバイスします。

　実際には、なにもしないという選択肢は、かなり勇気が
いることです。将棋の故・米長邦雄元名人は、「なにをや
ってもうまくいかないことはあるから、そのときにはなに
もしない」とおっしゃっていました。これはかなり熟達の
域だと思います。

　私にはそういう勇気はないので、あらゆることを試しま
す。とにかく、もがいてみるのです。しかし一方では、「今
は時期が悪いからしょうがない」と自分を責め過ぎないよ
うにして、「ツキには流れがある。いずれ必ず、よい流れ
がくる」と、自分にいい聞かせるようにしています。

パート4のポイント

- 得意科目は攻めて、苦手科目は守りに徹する
- 成長が停滞するプラトーからは、必ず抜け出せる
- スランプには「なにもしない」か「あらゆることを
　試す」

第 2 章

どんな試験も
一発合格できる
「7回読み」の極意

パート 05 7回読むだけで インプットする技術

✐ 教科書が一番読みやすい姿勢

　このパートでは、現在高校で実際に使われている日本史の教科書を実際に7回読んでみて、私の「7回読み勉強法」について、具体的に説明したいと思います。前提として、私は教科書を読むときの姿勢を決めています。これは7回通じて同じです。

　まずは椅子に座って机に向かいます。正座をしたりあぐらをかいたりして読むことはありません。机のうえに教科書を斜めに立てた状態で、両手で教科書を支えます。背筋を伸ばしたまま教科書を読みます。すると、教科書と顔の間の距離は30cmくらい離れます。椅子は背もたれがついたものに、深めに座ります。この姿勢になると、私は読むことに集中するスイッチが自然と入るのです。

　ちょっと行儀は悪いのですが、椅子のうえに左足をのせて太ももを胸に、すねを机の縁にあてる形で、姿勢を固定します。こうすると視線がぶれることがありません。体で動かすのは、ページをめくる右手だけです。集中している

▼ 山口流 教科書の読み方

ステップ 1

机に向かって教科書を斜めにして両手でつかむ

- -

Point ●椅子に深く座る

ステップ 2

椅子のうえに左足をのせて立てヒザをする

- -

Point ●太ももを胸に、すねを机の縁に

ステップ 3

この姿勢で固定して集中して読む

- -

Point ● 全身を緊張させることで集中

うちに、いつの間にか上体が前のめりになるのを防ぐこともできます。

これは私が中学生のころから長い年月をかけてたどり着いた、教科書を読むためのベストな姿勢です。実は日本の弁護士として働いていたときも、この姿勢で本や資料を読んでいました（私の職場は個室だったので OK という事情もありますが）。もちろん、人それぞれ集中できる姿勢は異なると思いますので、自分にとって一番ふさわしい姿勢を探してみてください。

　姿勢のポイントは、本だけに集中できること。そして、目があまり本に近づき過ぎないことです。

🖋 7回の各段階の意味

　私が中学生時代から続けてきて身につけた「7回読み勉強法」の回数には意味があります。

　1回目から3回目は、いわば下地作り。教科書全体をざっと「眺める」ことが目的です。この段階では、教科書の内容はほぼ理解できなくて OK。とにかく教科書全体にざっと目を通す。読むのではなく「眺める」ことで、教科書全体のイメージをつかむことがポイントです。

　4回目から5回目で、ようやく「読む」というレベルになります。教科書のどこになにが書いてあるのか、それがなにを意味するかを知る段階です。ここで教科書の内容の理解度が、8割くらいまで一気にアップします。

　そして、6回目と7回目で教科書の内容を頭に「叩き込む」

のです。教科書に書いてあることを、図版や資料まで含めて、細かいところまで完全に理解します。そして、試験でアウトプットができるレベルにまで覚えます。

　これが7回の全体概要です。グラフにすると、60、61ページのようなイメージです。

　7回読みの読み方が変わる段階では、しばらく時間をおいてから次に進んだほうが効果的。一気に立て続けに7回読むのではないということです。というのも一気に立て続けに読むと、ひとつ前の別の読み方と、つい同じ読み方をしがちだからです。

　具体的には、いったん別の教科書を読んだりして、1、2日くらいは間隔を空けるようにします。

　7回それぞれの読み方の違いを意識しながら、読み方にメリハリをつけることも大切です。そのためには、「よし、3回目の読み方で読むぞ！」というように各段階の読み方を強く意識したほうがいいです。こうした気持ちの切り替えがけっこう効果を発揮します。

✎ 線は引かない、単語は隠さない

　教科書を読むときは、本当に"読むだけ"です。線を引いたり書き込んだりすることはありません。重要な単語に赤いマーカーを引き、緑色の透明シートで隠しながら読むというお馴染みの方法がありますが、私はやったことがあ

▼ 7回読みの理解度曲線

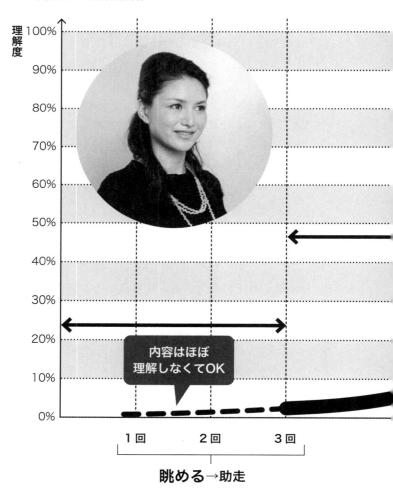

理解度

- 100%
- 90%
- 80%
- 70%
- 60%
- 50%
- 40%
- 30%
- 20%
- 10%
- 0%

内容はほぼ
理解しなくてOK

1回　　2回　　3回

眺める→助走

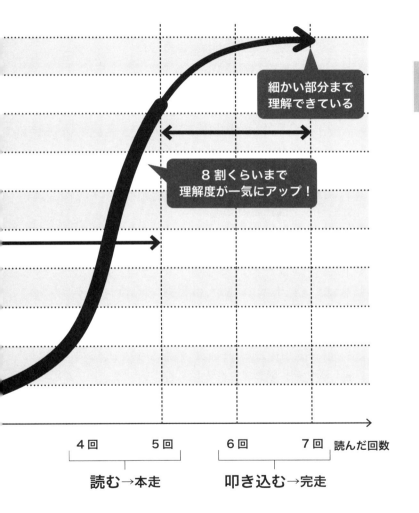

細かい部分まで
理解できている

8割くらいまで
理解度が一気にアップ！

| 4回 | 5回 | | 6回 | 7回 | 読んだ回数 |

読む→本走　　　　　叩き込む→完走

りません。そもそもマーカーで色をつけたり、アンダーラインを引いたりすると、読むのに邪魔だと思うからです。

　塾の参考書などには穴埋め形式のものがあったりしますが、それも私にとってはNG。教科書を読むという作業は完全なるインプットなのに対し、穴埋めの作業にはアウトプットの要素が含まれます。インプットが必要なときにアウトプットの要素を求められると、ひとつのことに集中できなくて、効率が下がるからです。

　そもそもインプットができていなければ、アウトプットはできません。ですから、まずはインプットすることに集中して教科書を７回読むのです。

　マーカーやアンダーライン、穴埋めなどがあると、読むスピードは確実に落ちます。どうしてもその部分に意識が引っかかってしまい、読みにくくなるからです。そうやってスムーズに読めないと潜在的に面倒臭さを感じ、読むこと自体に抵抗感を抱いてしまいます。

　繰り返しますが、教科書にはなにも書き込みません。書く作業は７回読む作業の最終段階で、まったく別の意図で行います（99ページで説明します）。

まずは全体を眺めるだけ

✎ 読まずに全体を眺める

では、高校のある日本史の教科書をベースにして、全7回の読み方を1回ずつ説明していきましょう。

まずは1回目。私が全370ページの教科書を通読するのに要した時間は26分です（巻頭の目次、巻末の年表を除きます）。1ページあたりにすると4秒ペースで、さらっと眺めていきます。

この教科書の1ページあたりの文字数は、見出し、図版、注釈などを除くと、およそ400〜500文字、見開き2ページで800〜1000文字程度。皆さんが今読んでいるこの本の文字量とだいたい同じくらいです。あとで詳しく説明しますが、1回目は図版を見ません。文字に集中して全体を「眺める」だけです。

皆さんも、この本の見開き2ページを8秒でめくってみてください。すると、1回目はほとんど読んでいないことがわかると思います。これが全体を「眺める」という感覚です。顔は動かすことなく、目だけで文字を追っています。

そうやって全体を眺めながらも、同時に次のページをめくる準備をしておくこともポイントとなります。見開き2ページを眺め、8秒ごとにどんどんページをめくっていくわけです。私が読んだ日本史の教科書は、本書と同じく横書きで左開きです。そこで右ページの下に右手の指先をかけておきます。このようなページをめくる準備とリズム感もけっこう大切です。

　1回目から3回目にかけて意識することは、「眺める程度でいいから全体を拾う」ということ。

　とくに1回目は、"理解度ほぼゼロ"でOK。内容を理解することは、放棄してかまいません。むしろ理解しようとしないほうがいいくらいです。なにより全体をさらっと眺めることが大切だからです。

✎ サーチライトをジグザグにあてる

　では、「眺める」とは具体的にどうすることかを説明しましょう。1回目は顔を動かすことなく、目だけで文字を追います。このときの目の動きは「ジグザグ」です。私が読んだ日本史の教科書は、横書きで1ページあたり28行です。この28行に対して目線を「左から右、右から左」とジグザグに動かします。

　1ページあたり8回くらいジグザグしながら読み進めます。つまり2、3行分をまとめて眺めているわけです。それも「左から右」→「左に戻って、また左から右」ではあ

りません。「左から右」→「左に戻らず、そのまま右から左」
です。イメージとしては、2、3行分の幅を「サーチライト」
で照らしていく感じです。

　このようにして、とにかく1冊を通して大まかに「眺め
る」ようにします。1回目にこれをやっておくことで、2
回目以降の理解度向上に効果を発揮します。

　1回目は、スピード感を重視しましょう。繰り返します
が、内容を理解しなくてかまいません。集中して全体を「眺
める」だけです。

　たとえるならば、ものすごく疲れているときに本を読ん
でいるような状態。読み進めようにも疲れていて、ざっと
眺めるだけでさっぱり内容が頭に入ってこない。そんな程
度の理解度でいいのです。

　寝る前にベッドで横になって本を読みながら寝てしまっ
た。そして翌朝、読んだ内容を全然覚えていないという経
験はないでしょうか。それを意識的にやっているという感
覚に非常に近いと思ってください。

✎ 引っかかる漢字を頭のなかで唱える

　1回目の読み方を、さらに詳しく解説しましょう。

　**サーチライトをあてるようにジグザグに眺めながら、引
っかかってくる「漢字」を頭のなかで唱えます。**

私が読んだ日本史の教科書では、「唐招提寺」「鑑真」「行基」「光明皇后」「四天王像」「日光菩薩像」「月光菩薩像」といった漢字が引っかかってきます。ジグザグに眺めるなかで、「形として目立っている漢字」を目で拾い、それらを頭のなかで1回唱えます。ここでいう「唱える」とは、単語を視覚的に頭のなかで再現するようなことです。

　拾う漢字は、かなり適当でかまいません。重要そうな単語を選んで拾っているわけではなく、ジグザグに眺めながら、たまたま引っかかってきたものだけでOKです。それが結果的に重要な単語なのかどうかは、この時点ではまったく気にしなくてかまいません。

　太字になっている単語は、自然と目に入ってきます。そもそも太字でなくても、漢字は比較的引っかかりやすいです。サーチライトで照らしながら、浮かび上がってきた漢字だけを拾っていくようなイメージです。

✎ 図版、表、縦書き部分は黒塗り

　前述したように1回目は図版を意識せず、文字だけを追います。文字で構成された表であっても本文以外は飛ばします。視界に入ってはいますが、サーチライトをあてるのはあくまでも本文だけ。図版や表は「なんとなくここらへんにあるな」という印象が残る程度で、頭のなかで「黒く塗りつぶして」丸々無視するような感じです。

また、私が読んだサンプルの教科書のように本文が横組みの場合、縦書きで表記されている部分があれば、そこも「黒く塗りつぶして」無視するような感じで飛ばします。横書きと縦書きは目の動き方が違うので、これが混ざると読むスピードが落ちるからです。図版のキャプション（説明書き）の文字は、字の大きさで区別して、小さい文字であれば、そこも飛ばします。

繰り返しますが、サーチライトで照らしながらジグザグに眺めていく際、図版、表、縦書き部分は「黒塗り」です。1回目で大切なのはスピード感。広く浅く眺めることが目的ですから、スピード（流れ）に合わない部分は飛ばしてしまっていいのです。

1回目は、見開き2ページにある「文字」を、写真を見るように丸ごと「眺める」ことを意識します。

かなりテンポよくジグザグにサーチライトをあてながら、照らした文字を拾う。図版、表、縦書き部分は黒塗り。そして引っかかってきた漢字は頭のなかで唱えるのです。

🖊 とにかくページをめくる

1回目は、とにかくページをめくることに意義があると考えてください。すると、1冊分の全ページをめくることによって、感覚的に「好きなページ」と「嫌いなページ」が出てきます。全体をさらっと眺めることによって、そういう印象づけをしていくことにも意味があるのです。

私の場合、漢字が多いとテンポをつかみやすくて好きです。漢字の固有名詞が多いと、その間をつなぐように眺められるので、流れるように進むからです。また、図版が多いページも好きです。見た目がいいことに加えて、「黒塗り」の部分が多いので、眺める量が少なくてすむからです。

　逆に引っかかってくる漢字が少なく（ひらがなが多く）文章が長いページは嫌いです。太字の単語が少ないページも、引っかかってくる文字が少ないので嫌いです。

　内容によっての好き嫌いもあります。日本史でいえば「一揆」に関するページは、なんとなくネガティブで暗いイメージがあって嫌い。それに対して「文化」に関するページは、ポジティブで明るいイメージがあって好きです。このようにして好き嫌いのイメージでなんとなく印象づけすることも、1回目では大切です。

　1回目は表面的になぞるだけですが、「女の人の絵があったな」「色が鮮やかできれいだな」という程度になんとなくの印象は残ります。

● 「左から右」→「右から左」に2、3行ずつ眺める

●引っかかってくる漢字を頭の中で唱える

●図版、表、縦書き部分は無視する

▼ 1回目の読み方のまとめ

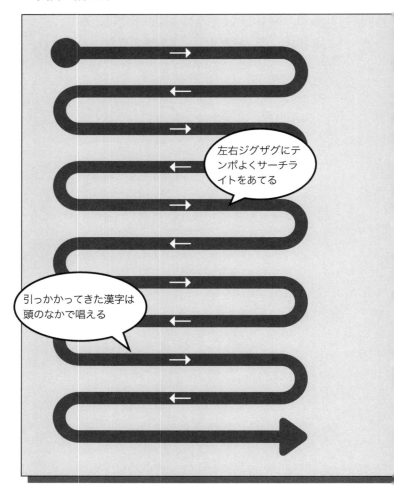

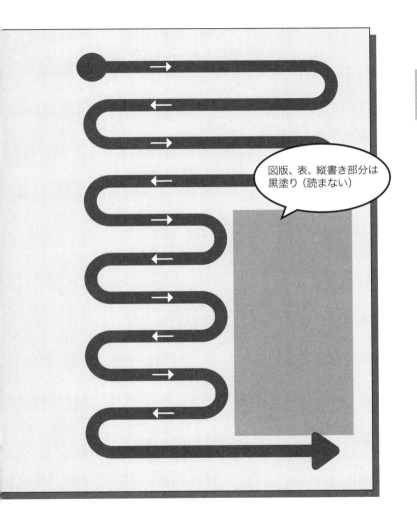

図版、表、縦書き部分は黒塗り（読まない）

教えて山口さん!

Q. 「左から右」→「右から左」のサーチライト読みができません。

A. 「読む」という感覚を捨てましょう。

　1回目のサーチライト読みは、頭のなかで読みあげるように文字をなぞっていたら絶対にできません。それだと、どうしても「左から右」「左に戻って、また左から右」となるからです。

　1回目のサーチライト読みは、「読む」という概念を完全に捨ててください。読むのではなく全体を「眺める」のです。これはページ全体の写真を撮るように把握していくという「フォトリーディング」の技術とは違います。もっとさらっと全体を眺めるだけでいいです。

　頭のなかで文字をなぞってしまうと速度が落ちます。効率よく教科書を頭に入れるため、1回目のサーチライト読みは、極力時間をかけないことがポイントです。

　頭のなかで読みあげてしまうと、読めない漢字やふりがなに時間をとられます。逆にいうと、読めない漢字が出てくるたびに止まってしまう人は、頭のなかで読みあげてしまっています。

　1回目だけでなく3回目までは、漢字は読めなくてもかまいませんし、ふりがなも読まないでください。

　たとえば、「源頼朝」という漢字が出てきたときに、頭のなかで「みなもとのよりとも」とひらがなに変換しないということです。「源頼朝」という3つの漢字の塊を「形」として認識しておくだけでいいのです。さらっと眺めるだけのポイントは、「割り切り」です。

確認しながら単語を拾う

🖊 文字だけでなく数字も拾っていく

　2回目の読み方は、1回目とほぼ同じです。1回目は全370ページを26分で読みました。2回目の通読する時間もまったく同じです。1ページあたり4秒のペースで読み進めます。

　すでに1回通読していますから、通読することの負荷はかなり軽減されているはずです。1回目と同じくジグザグにサーチライトをあてながら、全体を眺めていきますが、2回目はさらに細かい部分にも目が留まるようになります。

　大きく変わるのは、1回目では漢字しか拾わなかったのに対して、2回目は数字も拾うことです。

　2回目になると、これが負担なくできます。具体的には「690年、庚寅年籍」「694年、藤原京」のように拾っていきます。拾った漢字と数字は、これまで同様、頭のなかで唱えながら進みます。

　1回目と同様に図版、表、縦書き部分は「黒塗り」のままですが、小さな文字の注釈にはサーチライトをあてるよ

73

うにします。1回目の段階では、小さな文字まで拾おうとすると疲れてしまいます。それに対して、2回目になると余裕が生まれてくるので、ここではじめて小さな文字の注釈も眺めるようにするのです。

　その点、図版、表、縦書き部分を読み込むのは、この段階ではまだ負荷が大き過ぎるので、まだ「黒塗り」のままで OK です。

　もっとも写真や絵、それに表になっている文字は、2回目になると、なんとなく印象に残ってきます。その印象を「最終的には、ここもちゃんと読まなきゃいけないな」と、頭の片隅に留めておきます。じっくり読んで、しっかりと内容を理解するのは、この段階では放棄してしまっていいのです。

2回目の読み方のポイント

- 1回目同様、2、3行ずつテンポよくサーチライトをあてる
- 図版、表、縦書き部分は、まだ黒塗り
- 拾った漢字と数字を頭のなかで唱える

教えて山口さん！

Q. いつの間にか、ページをめくるテンポが落ちてしまいます。

A. ストップウォッチを置いて、一定のリズムでページをめくりましょう。

しつこく繰り返しますが、1回目から3回目までは読むのではなく、全体を「眺める」だけです。とにかく教科書を1冊、全体を通してページをめくることが重要なのです。

そうはいっても文字を追っていれば、どうしても無意識に読もうとしてしまうものです。そこでおすすめしたいのが、「ページをめくる時間を計る」という方法です。

実際には、教科書の文字数やページ数によって変わりますが、「1、2回目は1ページ4秒、ページをめくるのは8秒に1回」「3回目は1ページ8秒、ページをめくるのは16秒に1回」──と決めてしまいましょう。

手元にストップウォッチ（スマートフォンなどでもOK）を用意して、「8秒に1回めくる」「16秒に1回めくる」というテンポを体感してみてください。おそらく、思っていたよりもテンポが速く感じられると思います。時間をオーバーしていたら、それは頭のなかで読みあげてしまっている可能性があります。

そして横書きの場合、右手の指先が同じテンポでページをめくることを意識します。とにかく、機械的にページをめくるのです。

単純作業と割り切って、同じテンポで目や指を動かすことがポイントになります。

拾い残しをさらっとゲット

✎ サーチライトからレーザービームへ

3回目は、1、2回目に比べると読み方がだいぶ変わります。全370ページの教科書を読むのに、1、2回目は26分かかったのに対して3回目は1時間と、通読する時間は約2倍になります。1ページあたりにすると8秒ペース、見開き2ページを読んで次のページをめくるまでにかかる時間は16秒くらい。1、2回目の2倍の時間をかけて進むわけです。

1、2回目はサーチライトをあてながらジグザグに眺めていく感覚でした。それに対して、**3回目は1、2回目より照らす範囲が狭い「レーザービーム」をあてます。そして、「左から右」→「左に戻って、また左から右」と1行ずつ読む通常の読み方に変わります。その分、1、2回目より時間がかかるわけです。**

そして、1、2回目では顔を動かさず目だけで眺めましたが、3回目からは顔を左右に少し動かしながらテンポをつかみます。レーザービームをあてながらリズムよく1行ずつ改行していくと、左右にラリーされるボールに合わせて顔を動かすテニスの試合の観客と同じような感覚になり

ます。目線の動きに沿って顔が自然と左右に動くのです。

✐ 1、2回目に眺めたページを確認する

　3回目は1行ずつレーザービームをあてますが、まだ「読む」のではありません。作業自体は1、2回目と同じです。1、2回目より丁寧にはなりますが、あくまでも「眺める」だけ。1行1行たどりつつ、そこに引っかかってくる漢字と数字を拾っていきます。

　つまり3回目は、1、2回目でざっと眺めたページをなんとなく思い出しながら、もう少し丁寧に全体を拾っていく感覚です。

「こんなのあった、あった」などと思い出しながら、引っかかった単語を頭のなかで唱えます。ただし、音読するのではありません。

　3回目は1、2回目より引っかかってくる単語は格段に増えます。3回目は、小見出しの語句も眺めますが、図版、表、縦書き部分は1、2回目同様に「黒塗り」のままです。本文に集中して、1、2回目よりも丁寧に眺めるイメージです。1行ごとにレーザービームをあてますから、一応日本語の意味は拾えます。しかし、理解しようとしなくてもいいです。

　繰り返します。1回目から3回目までは、読まずに全体を眺めるだけです。全ページに目を通して、拾って、イメ

▼ ３回目の読み方のまとめ

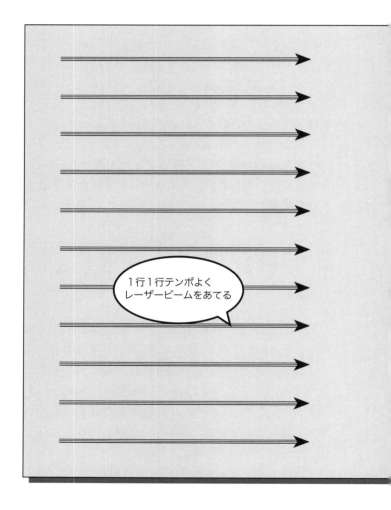

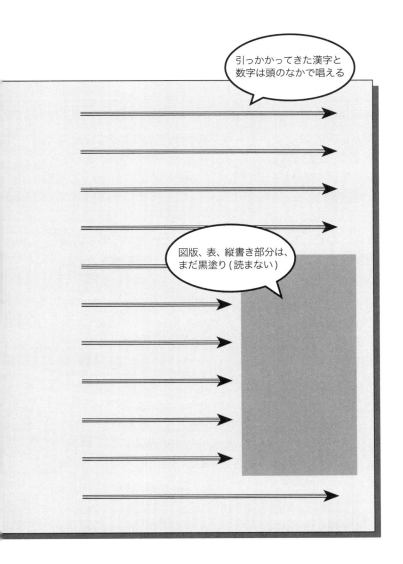

ージを頭のなかにインプットしていきます。

✎ 「好き」「嫌い」を意識する

　この3回目までが、下地作りの段階です。1、2回目では「サーチライト」、3回目は「レーザービーム」と光のあて方を使い分けて、さらっと単語を拾うのです。3回目を終えた時点では、正確な内容は把握できていなくてOK。内容に関して出題されても、まだ答えられないレベルです。

「なんとなく、あのあたりにこんなことが書いてあったような気がする」という、まだぼんやりとした記憶があればいい程度です。

　一方で3回目は、教科書にかなり馴染んできた段階です。たとえば「聖徳太子」が目に入ってきたら、「前のほうで、たしかこんな感じのページに載っていたはず」という印象が残っているはずです。

　「好き」「嫌い」という印象で記憶していることが、私の場合すごく多いのですが、そこには下記のようなパターンがあります。

　「好き」「嫌い」の感情を利用すると、自然にメリハリがついて記憶に残りやすくなります。メリハリなく平板に眺めていくより、「このページ、面白そう」「このページ、なんか暗い……」といった感情をプラスするほうが、印象に

⭕ 「好き」なページ	漢字が多い / 絵が多い / 女性の絵がある / 固有名詞が多い / 内容がポジティブ (面白そう)
❌ 「嫌い」なページ	図版が少なく文字量が多い / ひらがなが多い / 内容がネガティブ (なんか暗い……)

残りやすいのです。

　こうした自分なりの感情を抱きながら眺めていくと、7回読んでも飽きないですし、なにより楽しめるようになります。

3回目の読み方のポイント

- 「左から右」→「左から右」に1行ずつ眺める
- 「このあたりに書いてあった」程度の記憶でOK
- 「好き」「嫌い」を意識しながら眺めていく

教えて山口さん！

Q. 2回読んだら、もう飽きてしまって、3回目が苦痛です。

A. 気持ちを楽にして、あまり気負わないでください。

3回も「眺める」と、全体の構成がわかってきます。すると、目安がついて楽に進められるようになってきます。

私が読んだ日本史の教科書の場合、原始・古代から近・現代までが、13章に分かれています。それぞれの章は、だいたい次のような構成で進むことがわかります。

①内政治②民衆の暮らし③他国とのかかわり④文化

こうした構成を把握することによって、「文化に関する部分が出てきたから、もうすぐひと区切りだな」と予測できるようになります。「あと少しで、次の時代に進むぞ」という目安がわかるようになれば、頭のなかにメリハリが生まれるはずです。そのあたりを意識してみてください。

また、2、3回目あたりで、自分なりに気がつくこともあるでしょう。たとえば、「織田信長って、意外とちょっとしか出てこないんだな」とか、「江戸時代よりも近・現代のページ数のほうが多いんだ」といった気づきです。そういう教科書の全体像や構成、配置といった「仕組み」を把握しておくことも、3回目までで重要なこと。4回目以降、ずっと楽になるはずです。

3回目までは内容を「記憶しよう」「理解しよう」という気持ちではなく、「教科書全体の仕組みをなんとなく把握する」という程度でかまいません。テンポよくページをめくり続けることには、そういう意味もあるのです。

意味を拾いながら読む

🖊 4回目からは「読む」

4回目からは、いよいよ教科書を「読む」段階に入ります。サーチライトやレーザービームをあてるのではなく、3回目までに作りあげた下地をベースに普通に黙読をしていきます。

4回目は、簡単にいうと、テンポよく黙読するイメージです。

4回目の読み方では、全370ページを読むのに2時間2分かかりました。見開き2ページでおよそ40秒かけている計算です。

4回目は本文の意味を把握しながら、1行ずつ「左から右」→「左から右」と普通に改行しながら読み進めます。3回目までは、単語（漢字・数字）を拾っていましたが、4回目では「唐招提寺をひらいた鑑真ら、外国の僧侶の活動に……」というように、普通に文章を読むのです。

これまで「黒塗り」にしていた図版、表、縦書き部分もさらっと読みます。もっとも、こうした部分は意味を拾う

のに負荷がかかります。読み込むのではなく、あくまでも
さらっと目で追いかける程度にしておきましょう。

✏️ 3回目までの下地が活きてくる

　本を読むというと、3回目までを実践せず、この4回目
の段階、つまり普通に黙読することからはじめる人が多い
でしょう。しかし、私の読み方だと、ここまでの3回であ
えて手間をかけて下地を作っています。だからこそ、この
4回目はものすごく読みやすいはずです。読み進めると自
然と意味が頭に入ってくるような感覚になるでしょう。

　**私からすると、3回目までの下地作りをせずに、いきな
り普通の黙読からはじめるのは、負荷が大き過ぎます。**

　そうはいっても、この4回目の時点での理解度はせいぜ
い2割程度でかまいません。簡単な年号や単語の出題には、
ある程度答えられるかもしれませんが、本格的な試験問題
に答えられるレベルではない。それくらいでいいのです。

4回目の読み方のポイント

- 図版や表はさらっと目で追いかける程度
- 普通に読んで文章の意味を拾っていく

教えて山口さん！

Q. 難しい漢字の読み方を覚えるのが苦痛です。

A. 基本的にふりがなはさらっと読むだけでかまいません。

口頭試問でない限り、難読単語の「読み方」は、まず試験には出ません。

東大寺の「正倉院」の読み方を「しょうそういん」ではなく、間違って「せいそういん」と覚えていたとしても、得点にはほぼ影響しないので大丈夫です。

とくに日本史の教科書の場合、本文にたくさんのふりがながふってあります。たとえば人名の場合、「鑑真」という漢字の上には「がんじん」というふりがながあり、さらに漢字の下には「688〜763」と生没年が書いてあります。この生没年を記憶することには、あまり意味がありません。

また、「太政官符」という単語には、上部に「だいじょうかんぷ」、下部に「だじょうかんぷ」と２つのふりがながあります。「どちらの読み方も正解」という意味ですが、これは教科書の性質上、両方の読み方を記述しておかなければならないから書いてあるだけで、それほど深い意味はありません。

つまり、ふりがなを全部読み込むと、無意味に情報量が増えてしまうのです。

４回目からは、一応ふりがなを読みます。しかし、あくまでもさらっとでかまいません。ふりがなを読むのに時間をかけるよりも、さらっと通読する回数を重ねたほうが、絶対に理解度は高まります。

理解度が2割から8割に急上昇

✎ 予想しながら読む

　5回目の読み方は、4回目と同じ黙読です。全370ペー
ジを読むのに、1時間58分かかりましたから、スピード
も4回目とほぼ同じ。見開き2ページでおよそ40秒のペ
ースです。

　5回目は、普通の人の読み方だと「2回目」に相当します。
はじめてより2回目に読むときのほうが理解度が高まるの
は当然のこと。もちろん、同じ読み方でも4回目より5回
目のほうが理解度が高まります。

　**4回目と5回目の違いは、次に読むところの内容を少し
ずつ予想できるようになること。頭のなかで教科書と対話
するような感覚です。**

　「次はこうくるはず。あっ、やっぱりそうだよね」という
具合に教科書と対話しながら読み進める感じです。予想す
るというと、なんとなく難しく受け止められるかもしれま
せん。しかし、そんなことはなく、たとえていうなら、か
つての時代劇『水戸黄門』を観ていて「そろそろ印籠が出
てくるタイミングだよね。ほら出てきた！」という予定調

86

和のような感覚です。

　5回目になると、ちょっとずつアウトプットができるようになります。4回目までは情報のインプットだけでしたが、5回目は内容を予想するというアウトプットの要素が芽生えてくるわけです。

　また、4回目まではさらっと眺めるだけですませてきた図版、表、縦書き部分も5回目では読んでいきます。この5回目ではじめて本文以外の部分を含めた教科書を全部通読するようにします。

✐ 大きく羽ばたく段階

　好き嫌いのイメージも、さらに明確になります。図版を含めて、ページごとの印象がさらに強まってくるからです。

4回目は2割程度だった内容の理解度は8割くらいにまで一気に高まります。

　1回目から3回目までの下地作り、それをベースにした4回目の地味な黙読から大きく羽ばたく段階が、この5回目なのです。

　この5回目は、普通の人の読み方の2回目に相当すると前述しました。私の読み方では、4回にわたって下地を作っているので、理解度が飛躍的に高まるのです。1回目から4回目までは、この5回目に飛躍するための丁寧な準備

期間だったわけです。

✎ 理解はできていても「再現」はできない

　5回目を終えた時点で、教科書全体の内容がざっくりと頭に入るようになります。しかし、試験問題に解答できるレベルかというと、まだまだ甘い状態。イメージとしては、テストの解答欄に選択肢が4つあるとすると、そのうちの2つは明らかに間違いだとわかる程度。残り2つのどちらが正解かはっきりしないという中途半端な状態ということです。

　一般的な趣味の読書であれば、この段階で十分な理解度といえます。しかし、試験で高得点をあげるためには、8割の理解度ではまだ足りません。ですが、どのあたりにどんなことが書いてあるかは大体理解しているので、そこをさらに丁寧に頭に入れていけば確実に解答できるようになっていきます。

　もちろん試験会場に教科書を持ち込むことはできません。

　手元に教科書がなくても、頭のなかでその内容を再現できることが、試験問題に解答する必須条件。つまり、教科書の内容を教科書がなくてもアウトプットできるようになることがこの「7回読み勉強法」の目的であり、試験勉強の肝なのです。

　教科書をないがしろにして、問題集を解くことに専念す

る人は多いと思います。これは、本当にもったいないことです。教科書をせいぜい２回読んだ程度で問題集を解いたとしても、下地ができていません。それでは、正答できるはずもなく非効率極まりない勉強法となってしまいます。

5回目の読み方のポイント

● 4回目同様に黙読する
● 次に読むところを少しずつ予想
● 理解度を8割まで一気に高める

教えて山口さん！

Q. 教科書のコラムは読みますか？

A. コラムは飛ばしてかまいません。

　教科書によっては、「コラム」が載っていることがあります。法律書にも、よく載っています。私が見る限り、法律書の場合、コラムは法改正について書かれていることが多いです。

　法律が変わった場合、コラムを差し替えることで対応できるからではないでしょうか。

　つまり、コラムは改訂の可能性が高い部分であって、司法試験に必要な基礎知識を提供してくれるものではないと思うのです。ですから私自身は、はじめの段階では、コラムを読み飛ばしていました。

　もちろん、コラムにも意味があり、学ぶ価値はあります。最新の話題や法改正の情報だけを得たければ、逆にコラムだけを集中的に読んでもいいでしょう。

　しかし、それはあくまでも上級編。「この情報は本文ではなく、なぜコラムとして扱われているのか」と考えると、やはりメインの情報はあくまでも本文にあります。

　ですから、コラムは飛ばしてかまわないのです。

要点をまとめて頭に叩き込む

🖉 普通の黙読×拾い読み要約

5回目に一気に8割まで高めた理解度を残りの6、7回目で10割、つまり完璧にします。これで試験の出題に自信を持って解答できるレベルに到達します。

6回目の読み方では全370ページを読むのに2時間22分かかりました。見開き2ページあたりおよそ50秒と、これまでで最も時間をかけて読んでいます。これだけ時間をかけて読むのは、8割の理解度をより完璧に近づけるためです。具体的には、「普通の黙読×拾い読み要約」をワンセットにして1ページごとに内容を確認しながら読み進めるためです。

どういうことかというと、まずは見開き2ページの左ページを普通に1行ずつ読んで終えます。その後、右ページに進む前に、あらためて左ページの頭からさらっと読み返します。こうすることで一度読んだ文章をあらためて拾い読みして、頭のなかで要約するのです。これを「普通の黙読×拾い読み要約」と称しているわけです。

もう1回読み直すときの拾い読みは、2、3行をまとめ

て眺める1、2回目のサーチライト（ジグザグ）読みと同じ手法です。

🖊 要約しながら頭に叩き込んで覚える

　拾い読み要約で、サーチライトをあてながら眺めるときには、単語と単語を頭のなかでつなげながら読み進めるのがポイントです。これは文章を丸暗記するわけでも、「フォトリーディング」と呼ばれる速読術とも違います。

　具体的には、「政府、仏教保護、僧尼令で、統制する。行基、禁圧にくじけず、社会事業を行い、尊敬される。光明皇后、悲伝院、施薬院、貧民を救済」といった感じ。文章をギュッと要約していきます。

　単語と単語、数字に動詞を組み合わせて、頭に叩き込むイメージです。そうやって、「固有名詞、固有名詞、数字、数字、なにをした」という、単語同士の関係性で要約していくわけです。

　ポイントは完全に文章化しないこと。基本的に単語ベースでつなげていきます。

　文章にしてしまうと、どうしても丸暗記になってしまいます。しかし、丸暗記は芋づる式の記憶なので、単語がひとつ出てこないと、それに続く文章が出てこなくなりがち。あくまでも内容を理解するための要約ですから、日本語としての文章の正確さは求めなくていいのです。

✐ 要約しやすいページとしにくいページ

　この拾い読み要約には、要約しやすいページと、要約しにくいページがあります。日本史の教科書の場合、私は「文化」のページが要約しやすいです。「東大寺戒壇院」「四天王像」「塑像」「乾漆像」というように、特徴のある固有名詞をつなぐだけで頭に入ってきやすいからです。

　個性というか、向き不向きというか、私は単語を拾うのは得意です。しかし、文章を要約する作業は、あまり得意ではありません。

　その点、特徴のある固有名詞や単語が少ないと文章で長々と解説される傾向があります。こうした文章は、要約する作業に手間がかかってしまうので嫌いなのです。

　このように6回目では要約する作業を通じて、自分の好きなページと嫌いなページが、これまでよりもさらに明確になります。

6回目の読み方のポイント

- 1ページをまず普通に読み進める
- 次ページに進む前にもう一度サーチライト読みをする
- サーチライト読みをしながら内容を要約する

教えて山口さん！

Q. 固有名詞の記憶の間違いがけっこうあるのですが……。

A. 一問一答式の問題集を併用して"記憶のバグ"をチェックしましょう。

　私の勉強法で注意したいのは、"記憶のバグ"が出ないようにすること。単語をイメージとして頭に入れていくので、細かい部分を間違ったまま記憶してしまうことがあるのです。

　たとえば「醍醐天皇」という単語は頭に入っているけれど、書こうとすると漢字がわからない。「鴨長明」を間違って「鴨長命」と覚えてしまう。そういったことが起こりやすいのです。

　実はこれはちょっとやっかいな欠点です。単語をイメージとして覚えてしまっているので、次に読んだときに、その単語を見た瞬間、それ以上読まなくなる。つまり、間違って記憶していることに気がつかないまま進んでしまうのです。

　そこで日本史や世界史に関しては、山川出版社から出ている『一問一答日本史Ｂ　用語問題集』を活用して、"記憶のバグ"をチェックしました。固有名詞が多い科目の場合、一問一答式の問題集は、記憶のバグをチェックするのに最適です。単語や年号の確認をして、記憶を修正するのにもってこいです。

　このように、「読む」だけでは完璧に記憶できない科目の場合は、「書く」ことによって記憶のバグを修正していくのもひとつの手です。

細かいところを再現できるまで完璧にする

🖊 6回目の要約を再現しながら読む

　6回目は「普通の黙読×拾い読み要約」でした。それに対して、7回目は逆に「拾い読み要約×普通の黙読」にします。読み方の順番が変わっただけで、方法自体は6回目と同じです。全370ページを読む時間も、7回目は2時間18分で6回目とほぼ変わりません。見開き2ページおよそ50秒のペースです。

　7回目は、ページを開いたら、まず左ページを要約します。6回目の要約を思い出しながら、2、3行ずつざっとサーチライト読みをし、要約するのです。

　そうやって左ページの要約をしたら、もう1回あらためて左ページを普通に1行ずつ読み直します。それを終えてから右ページに移り、同じくサーチライト読みをしながら要約。そして、もう1回普通に1行ずつ読みます。

　7回目が、1回目から6回目までと大きく異なるのは、1ページを頭から読む前に、まずページ単位で要約することです。そして、次に本文を1行ずつ黙読しながら、正

しく要約できているかを「答え合わせ」していくのです。

　間違って覚えていないかをチェックしながら黙読していきます。この作業によって、内容を完璧に叩き込んでいくのです。「記憶は確かかな」「あっ、ここは間違っていた」と記憶の状態を確認しながらたどっていくことで、最終的に記憶を正確に固めます。

　1回目のぼんやりとしたイメージからはじまり、段階を経るごとにだんだんと記憶の精度を高めていく。そして、最後の7回目で単語、数字、図版、表など、一連の記憶を完璧にします。こうして試験のときには、教科書をそのまま再現できるようになるのです。

7回目の読み方のポイント

- ●サーチライト読みで要約する
- ●要約したあとは普通に読んで記憶を固める

教えて山口さん！

Q. 7回読むのはしんどいです……。

A. 「3回読み」という短縮版からはじめましょう。

　7回読むのはどうしてもしんどいという人のために、短縮版の「3回読み」を紹介しましょう。どうしても読めない人、時間がない人の場合、3回でもある程度の効果は得られるはずです。

　7回読みは、1〜3回目の「眺める」、4、5回目「読む」、6、7回目の「叩き込む」という3段階に分けることができます。「助走→本走→完走」というイメージです。

　短縮版の1回目は「眺める」。7回読みにおける2回目の読み方です。とにかく1冊全体をテンポよく眺めていきます。教科書に慣れ親しむくらいの感覚です。2回目は、7回読みにおける4回目の読み方。普通の読み方で最初に読むときの感覚です。そして3回目は、7回読みにおける6回目の読み方。復習しながら読み、要約をしながら頭に叩き込んでいきます。

　このように、7回読みにおける「2回目」「4回目」「6回目」だけをつまんで行うわけです。私が7回も読むのは、下地を作る「眺める」作業だけでも3回必要であり、読む作業も1回ではできないので「4回目」「5回目」に分け、完全に「叩き込む」ためにも「6回目」「7回目」と2回に分ける必要があるからです。

　人それぞれ能力は異なると思いますので、3回で同じ効果を得ることができる人はいるだろうと思います。7回読みは、あくまで私自身の経験から導き出したメソッドですから、皆さんに合った読み方を探してみてください。

"書きなぐりノート"で記憶を強化する

✐ 6、7回目で書き出してもいい

　難しい単語は書き出してみると、そのぶん時間はかかりますが、より確実に覚えられます。書き出すタイミングは6、7回目の普通の読み方のときです。要約するときではありません。

　書き出すときは、教科書を手で持たず、机のうえに置いて読みます。右利きの場合、左側に教科書を置き、右側にノートを置いて、それに書き出します。

　自分の頭に浮かんだ単語を書き出しながら、合っているかどうかを確認するのです。

　その際、書き出すノートは一切見ません。視線は教科書に置いたままで、ペンを走らせます。汚い字でかまいませんし、ノートをきれいにまとめる必要もありません。このノートは、まとめノートでも書き残すためのノートでもなく、覚えるためだけの"書きなぐりノート"。書き出して全部使い終えたら、捨ててしまっていいものです。

ノートでなくても、コピー用紙などでもかまいません。「書き出す」という動作によって記憶を固めることだけが目的ですから、筆記用具も、鉛筆でもボールペンでも、使いやすいものならなんでも OK です。

　こうして手を使って覚えると、視覚と触覚の両方から記憶を叩き込むことができます。視覚だけのときよりも、感覚を増やすことで覚えやすくなるのです。

🖉 問題集は「7回読み」のあとで

　7回読みは、あくまでも試験勉強のスタート地点。実際のところ、教科書を7回読んでもまだ完璧でないこともあります。そんなときは、さらに8回、9回と読み続けるのです。読み方は7回目と同じです。

「頭のなかで要約して、答え合わせをする」という作業を繰り返す。これによって、要約の答え合わせをしなくてもいいぐらいに理解度が高まります。

　これは「答えが合っていることがわかっている」という完璧な状態です。東大入試や司法試験、国家公務員Ⅰ種試験といった難関試験では、そこまでの高い理解度が求められます。

　問題集に手をつけるのは、少なくとも7回読み終えてからです。出題内容をきちんと理解していない状態で問題集に手をつけても、解けない問題ばかりで苦痛になり、無駄

も多くなります。

　スイスイと解答できるような理解度に達してから問題集を解くのが、結局は試験合格までの最短距離。問題集と相対してもモチベーションが高まりますし、なにより勉強していて楽しくなります。

7回読みの補足のポイント

- ●視線は教科書に置いたままノートは見ない
- ●要点の単語を書き出し、合っているか確かめる

第3章

理系科目は
「7回解き」で
突破する

パート06 理系科目が完璧になる「7回解き」

数学が苦手でも高得点をあげられる？

　前パートでは日本史の教科書を使って7回読みの実践法を詳しく紹介しました。この方法は社会人が資格試験を受験する際にはもちろん、仕事やプライベートで文章量が多いテキストを頭にインプットしていくときにも、非常に有効な方法です。

　一方、この方法は理系科目にも有効です。私は典型的な文系人間で、東大入試では数学が最大の鬼門でした。当然、センター試験や東大の2次試験にも理系科目はありますし、国家公務員Ⅰ種試験にもあります。私の場合、センター試験では「数学Ⅰ・A」「数学Ⅱ・B」「化学」、2次試験では「数学」を受験しました。

　このうち化学は基本的には暗記科目。7回読みで対応できました。しかし、数学は暗記では対応できない要素が多分にあります。

　一般的に「数学が得意な人は論理的」というイメージが

強いのではないでしょうか。

　論理的とは、シンプルにいうと「A→B」「B→C」「C→D」と順を追って答えを導くことです。この思考の道筋を何度も繰り返して頭に叩き込み、応用するのが数学の受験勉強の王道です。

　実際、私のまわりの数学が得意な人の多くは、超論理的でした。そうした典型的な数学ができる人たちは、「A→B」「B→C」「C→D」という基本的な論理的思考を踏まえ、さらにそれを超越して「AだったらD」と、途中のBとCを飛び越えて理解できるセンスを備えているように思いました。

　論理的思考力は数学には不可欠ですが、それに加えて、本当に数学ができる人たちには"数学的直感"も備わっているようです。

　典型的な文系人間の私には、そのような数学的直感はありません。「A→B」「B→C」「C→D」という基本に沿って解答にたどり着くのが、私にできる唯一の方法だったのです。

　こと大学入試における数学では、数学的直感を備えていなくても、答えを導くためのパターンさえ覚えれば、高得点をあげることは可能です。

✎ "解き方のパターン"を覚える

　繰り返しますが、私は数学が苦手です。私には数学的な直感やセンスが、まったくもって欠けています。そんな私にとってのよりどころが、7回読みを数学に応用した「7回解き」です。数学を考えて解くのではなく、7回解くことで「解き方を覚えちゃえ！」という発想です。

具体的にいえば "解き方のパターン" を覚えるのです。

　しかし、いきなり過去問の解き方を覚えようとしても、もともと数学的なセンスがない私にはさっぱり理解できません。そのため7回解きでは、5回目までを下地作りにあてます。7回読みでは3回目までが下地作りでしたが、それを上まわる回数で念入りに下地を作っていくのです。

　そして6、7回目で、実戦的な解き方のパターンを頭に叩き込んでいきます。「あっ、あのパターンだな！」と解き方のパターンを見つけさえすれば、あとは自動的に問題を解けるようにしておくのです。

　そのために5回目までに、問題に慣れておくことが必要です。そうすることによって6、7回目が、さまざまな問題で解き方のパターンをすばやく見つけるトレーニングとなります。

教科書に出てくる解き方のパターンを、愚直に覚えて自

分のものにしていく。とにかく試験で点数をあげることを目的と割り切ったときに生まれたのが、これから紹介する7回読みの応用編「7回解き」です。

私のように数学が苦手な人でも、試験である程度の点数をあげられるようになることでしょう。

✐ 解き方が思い浮かばなければ「逆戻り」

問題を読んで、解答の途中で詰まってしまったら、迷わずに解答を見るようにしてください。まともに考え込まなくていいです。

数学は解き方のパターンに従って、順を追って解いていかない限り解答にたどり着けません。途中が理解できていないと、その次の段階に進めないということです。順を追って理解していけば、難しい問題も解答にたどり着けます。

数学の問題が解けないということは、その手前で必ずなにか忘れ物をしています。ですから、解答を見ることで、きちんと解き方のパターンを順番通りに覚えることが重要なのです。この点は、7回読みとの大きな違いです。

文系の教科書を7回読みする際、逆戻りして読むことはありません。理解が足りないところが出てきても、そのときは飛ばして、次に読むときに理解するほうが効率的だからです。日本史の場合、たとえ江戸時代の初期でつまずいても、近現代史にそれが重要な影響を及ぼすわけではない

のです。

　しかし、7回解きでは、理解が足りないところでは「逆戻り」して覚えたほうが効率的です。「これどう解くんだっけ？」とつまずいたら、その場で基本に逆戻りするのです。

　数学の勉強は、途中でつまずいて理解できないまま進むと、その次の問題が解けません。ですから、つまずいたら「逆戻り」する。これが基本です。

　7回解きのコツを踏まえたところで、その具体的な方法について覚えていくことにしましょう。

基本解説と例題だけを
サーチライト読み

✎ まずテキストの構成を把握する

数学の教科書は、全体の構成を把握しておくことが大前提であり、とても重要です。それぞれの読み方を段階によって変えていくことが必要だからです。

日本史の場合は、歴史の流れや前後のつながりがあるので、教科書を最初から順に読み進める必要があります。これが数学となると、各パートには、とくにつながりはありません。つまり、好きなパートからはじめていいので、パート単位で7回繰り返すわけです。

もちろん、計算や因数分解といった基礎的な知識は、すでに身についていることが前提となります。英語を学習する際にアルファベットを読み書きできることは大前提ですが、それと同じことです。

✎ 文章による基本解説と例題を読む

数学の教科書はテーマごとに、まず「基本解説」があり、そして「例題」があり、「練習問題」と「応用問題」で実

109

践するという4段階の構成が多いです。

　そこで全体を把握するため、1回目では「基本解説」と「例題」の部分をサーチライト読みします。「例題」の解き方をイチから考えるのではなく、まず答えを読んでしまいます。

　1回目ですから、さらっと眺めるだけでいいです。内容を理解する必要はありません。公式や太字など目立つところを、とりあえず眺めるだけです。「練習問題」は読みません。とにかく土台となる「基本解説」と「例題」を押さえることが目的だからです。

✎ 数式は「形」で認識する

　日本史と数学の教科書の大きな違いは、数式がたくさん出てくることです。数式はそもそも頭のなかで読みあげることには向いていません。無理に黙読しようとすると、ものすごく時間がかかってしまいます。

　たとえば、

$$f'(a) = \lim_{b \to a} \frac{f(b) - f(a)}{b - a}$$

という数式を音読することには、そもそもまったく意味がありません。

　数式は「形」を眺めます。あまり難しく考えず、ただ形

として認識するのです。

「f'ってなに？」「limって？」「下になんかbからaとか書いてあるけど……」などと考えてはいけないのです。

$$\frac{f(1+h)-f(1)}{(1+h)-1} = \frac{(1+h)^2-(1+h)-0}{h} = \frac{h^2+h}{h} = h+1$$

　こんな数式は「＝（イコール）」でつながった4つの「形」でできていると捉えます。そのため、まず「＝（イコール）」で区切って、大きく4つの形に分けてしまいましょう。

　その4つの形を細分化していくと、それぞれが小さな形で構成されています。たとえば、

$$(1+h)^2$$

をひとつの形と捉えるのです。この形は、あたかもひとつの数字であるかのように、この数式に何回も出ています。これがこの数式のポイント。これを全体的に、なんとなくの形として認識するのです。

　数式というのは、慣れてくると案外きれいな形になっていることに気づくものです。

$$(1+h)^2$$

は「そういう形のもの」として認識。1とhをバラバラに

捉えていては、きりがありません。理屈抜きで、形として認識するのです。

　数式を形として捉えるためには、日本史のときと同様に、各ページをめくる時間を決めてテンポよく眺めていくこと。数式が多くて日本語が少ないので、本来であれば日本史よりも早く眺められるはずです。

例題は、『新課程チャート式基礎からの数学Ⅱ』（数研出版）より

```
1回目の読み方のポイント
●基本解説と例題をサーチライト読みする
●例題はまずは答えを読んでしまう
●数式は理屈抜きで形として認識する
```

1回目よりも少し丁寧に眺める

✐ 本文を通してレーザービーム読み

2回目は、1回目の2倍くらい時間をかけて進みます。レーザービーム読み、つまり「左から右、左に戻って左から右」の読み方です。

読むところは1回目と同じです。「基本解説」と「例題」の公式や太字の部分を中心に、本文の内容の意味を捉えながら進みます。公式は形として認識します。

途中で、よく理解できないところがあったら、逆戻りしてもかまいません。

「例題」は、太字になっていないところも解き方をすべて読みます。解き方の流れをつかむことが目的です。

その後の「練習問題」と「応用問題」は1回目と同様に2回目でも読みません。まずは「基本解説」と「例題」までをきちんと押さえることが目的だからです。

　数学の教科書を読むときに注意すべき点があります。それは、「日本語の文章を軽視しない」こと。とくに太字や赤字などの日本語はしっかりと押さえるようにします。数学は数式ばかりに目が行きがちです。しかし、日本語の部分に重要なポイントが隠されていることがよくあるのです。

**　また、数学には独特の言いまわしがあります。それに慣れることも2回目の狙いです。**

　たとえば、このような問題。

　　曲線 $y=f(x)$ 上の点 $A(t, f(t))$ における
　　接線の傾きが -1 となるとき、t の値を求めよ。

「曲線」「点」「値」くらいは理解できるかもしれません。では、「接線の傾き」とはなんのことでしょう？　ピンとこない人も多いのではないでしょうか。これが数学独特の言いまわしです。

　しかし次に、こう書いてあります。

　　点 A における接線の傾きは、微分係数 $f'(t)$ に等しい。

　つまり、「接線の傾き＝微分係数」ということです。これを知っていれば、問題文に「接線の傾き」という言いま

わしが出てきたら、「微分係数」のことだとわかります。

　このように数学といえども日本語の部分がポイントになることがよくありますから、要注意です。

例題は、『新課程チャート式基礎からの数学Ⅱ』（数研出版）より

2回目の読み方のポイント

- 基本解説と例題をレーザービーム読みする
- よく理解できないところは逆戻りしてもOK
- 日本語の文章を軽視しない

「書く」作業をとり入れる

✎ 公式や太字を書き出しながら読む

　3回目から7回読みとの大きな違いが出てきます。「書く」という作業が入るのです。

　教科書のほかにノートを用意します。別にノートでなくても、コピー用紙でも、なにかの裏紙でもかまいません。とにかく、「書くための紙」を用意してください。数式の形を覚えるために書きなぐっていくのです。書いた紙は、どんどん捨てていきます。

　3回目の段階では、教科書をすべて書き出すわけではありません。書くのは、公式や太字になっているようなところだけです。

　教科書だけ見て、書く手元は見ないのが基本ルールです。

　つまり、教科書をレーザービーム読みしながら、同時にノートを見ずに書き出していく。すると、ノートは落書きしたかのように汚くなるはずです。でも、それでいいのです。あとで読み返すためではなく、数式を頭に叩き込むために書くのですから、これでよし。書いたら、どんどん捨

ていきます。

　私の経験上、書くという作業は「日本語→英語→数字」の順で楽になるものです。数字（数式）は書きやすいからこそ、3回目の段階から「書く」ことをとり入れる。これが記憶するために有効なのです。

✐ 難易度を意識しながら読む

　3回目で書き出すところは、2回目と同じく「基本解説」と「例題」だけ。「練習問題」と「応用問題」には、まだ手をつけません。

「基本解説」を確認したら「例題」の解き方を書き出すという作業の繰り返しになります。

　まず「基本解説」を確認し、次に「例題」の解き方を覚えて、「練習問題」「応用問題」へと進んでいく。勉強する読者からすると、だんだん "数学力の強度" が高まるステップを踏んでいるともいえます。

　こうした構成上の特性がわかっていると、勉強していて気持ちが楽になります。段階を追って全体を網羅していくとわかっていると、精神的な負担がだいぶ減るのです。構成上の特性のなかでも、とくに難易度の移り変わりについては、意識しながら読んでいくと効果的です。

例題の解き方を覚え練習問題に挑む

✎ 例題の解き方を覚える

7回読みでは、3回目までは下地作り。助走を終え、いよいよ4回目から本走に入りました。しかし、7回解きでは、4回目はまだ下地作りの段階。そこで、ここから「練習問題」に着手します。

まずは3回目と同様に「基本解説」と「例題」をレーザービーム読みしたあと、「練習問題」を解いていきます。練習問題を解くといっても、はじめての問題をいきなり解くのではありません。「解答」のページを開いて、解き方をそのまま書き出していくのです。

書き出しながら、頭のなかで「そうだよな、そうだよな」と納得しながら解き方の流れを追っていきます。この時点で「なぜ？」と疑問が浮かんだら、「基本解説」や「例題」に戻ってもかまいません。

✎ 問題は書かずに解答だけを書き出す

4回目では、「例題」と「練習問題」の解答を全部書き出します。ただし、問題は書きません。試験の答案にあた

119

る解答だけを全部書くのです。

　その際には、途中の数式を飛ばさずに「丸ごと書き出す」ことを心がけてください。

　基本的に数学の教科書の解答の数式に、無駄はありません。「A → B」「B → C」「C → D」という道筋を省略せずに書き出すのです。「これはさっきの問題と同じ解き方だな」などと、問題の意図をつかむことが4回目の目標です。

　5回目以降は問題も書きながら解くことになるのですが、4回目で一度問題を読んでおくことで、その流れがわかって最終的に頭に入りやすくなります。

4回目の読み方のポイント

- ●基本解説と例題を読んだあと、練習問題に着手する
- ●解答のページを開いて解き方を書き出す
- ●途中の数式は飛ばさない

例題の解き方と練習問題を書く

✏ ひたすら書く

5回目も順番にすべての問題の解答を書き出していきます。4回目に続いてまた書き出すというこの5回目は、7回解きで一番負荷がかかるところ。ここが我慢のしどころです！

✏ 同じ問題であることに気づく

5回目は解答を書き出しながら、解き方のパターンを理解しようと意識してください。たとえば、数式がイコールでつながっていき、どんどん解答に近い形に変わっていくような問題の場合。そのイコールがどうしてイコールになっていくのかを理解しながら書き出します。「どうしてこれがイコールなのか」「イコールとイコールの間になにをしたのか」を意識しながら書き出すと効果的なのです。

数式には、ほとんどの場合、
● 公式を知っていないとわからない部分
● 数学的理解が必要な部分
● 単純計算の部分

があります。書き出しながら、「ここは公式だ」「ここはちょっと数学的理解が必要だな」「ここから先は単純計算だな」と意識しながら進むようにしてください。

そして、単純計算の部分は書き出さずに飛ばしていいです。正確に計算ができさえすればいいからです。わかりやすくたとえると、テレビの料理番組のワンシーン。「この状態で10分間煮詰めたものが、こちらです」と、あらかじめ用意しておいた料理が出てきますよね。あれと同じように単純計算はできたものとして、時間の短縮を図るわけです。

単純計算の部分がわかるようになると、数式を読むことがずいぶん楽になるはずです。

5回目は書き出す量が多いので、時間がかかりますし、一番大変なところです。しかし、これを乗り切ると、60、61ページの成長曲線でいえば、理解度が7〜8割ぐらいのところまでいけるはずです。

5回目の読み方のポイント

● 4回目同様に解答を書き出していく
● イコールとイコールの間になにをしたかを意識する
● 公式、数学的理解、単純計算の3段階を意識する

基本の確認と応用問題への挑戦

✎ 基本を確認して土台固め

6回目は、以下の2段階に分かれます。
- これまでにやってきた基本の確認
- 「応用問題」に挑戦

まずは、これまでにやってきた基本の確認。ノートを用意して覚えます。この際、4、5回目のように「練習問題」の解答をすべて書き出す必要はありません。3回目と同様に「基本解説」と「例題」の公式や太字などの要点だけを書き出しながら確認していきます。要点だけを押さえつつ、頭のなかで解き方の流れを暗唱するようなイメージです。

ここまでに2回、解答を書き出しています。問題文を読めば「なるほど、こうだったよね」と解き方のパターンが頭のなかで再現できるようになっているはずです。そこで、6回目は要点だけ書き出して、あとは思い出す作業をするのです。これが、これまでにやってきた基本の確認です。

　これまでにやってきた基本の確認は、わりと早めに終わるはずです。その後、いよいよこれまで飛ばしていた「応用問題」に挑戦します。

「これは極限値の問題だよね」「こっちは微分係数だよね」と問題を見てピンときたとしても、自分でゼロから解かないことが、ここでは重要。自分流の解き方ではなく、効率よく、美しい解答を覚えてしまうのがポイントです。

　そのため、ノートにその解答の要点だけを書き出します。「応用問題」は初見なので、解答を全部書くと負担が大きいからです。

　繰り返しますが、数学で得点をあげるポイントは解き方のパターンを覚えることです。試験本番で問題を読み、いかに素早く解き方のパターンを選ぶことができるかどうか。これで"8割決まる"といっても過言ではありません。そのためには、いろいろなパターンの問題に触れ、数をこなして問題に慣れることです。だからこそ、自分で解かず、迷わず解答を見る。「この問題には、こう解答するのね」という解き方のパターンを効率よく経験しておくためです。

6回目の読み方のポイント

● 基本解説と例題の要点を書き出して確認

● 解き方のパターンを思い出す

● ノートに応用問題の要点だけを書き出す

パート6　理系科目が完璧になる「7回解き」

すべての問題を解いてみる

✎ 問題だけを読んで解き方をメモする

　最後の7回目は、6回目で覚えた解き方のパターンを確認します。すべての「練習問題」と「応用問題」を解いてみるのです。

　まず問題を読みます。今回は解答を見ないで、自分で解き方のパターンを思い出しながら、独力でノートにポイントとなる数式だけを書き出していきます。

　6回目までで「この問題の解き方は確かこうだったな」という記憶が残っているはず。それを確認する作業で解く力を完璧に近づけます。

7回目の読み方のポイント

- すべての練習問題と応用問題を解いてみる
- 解答は見ないでポイントの数式を書き出す

第 4 章

苦手なことで
自分を
追い込まない

苦手は「守り」、得意で「攻める」

自分の信念を曲げなければ大丈夫

　私は東大入試（文科Ⅰ類）で１番を狙っていたわけではありませんから、とにかく上位500人の合格者のなかに入ることを目標としていました。極論すると、たとえ０点の科目があっても、全科目の合計点で上位500人の枠内に入れば目標は達成されるのです。

　教科書を７回読むことで内容を完璧に近い形で頭に叩き込み、それをアウトプットできるようにすることが、私の勉強法の本質です。この勉強法で思ったように得点できない科目は、仕方がないと割り切ります。

　当時の大学入試センター試験の受験科目は、英語、国語、数学、社会（日本史・地理・倫理）、理科（化学）。このうち英語と国語（現代文）の２科目は、「７回読み勉強法」でも成果に結びつきづらい科目でした。

　そのため、この２科目はできなくても仕方がないと割り切りました。その他の科目で満点をとれば、総合点で合格

できるはずです。

　とくに現代文は、教科書をいくら読んでも試験対策になりにくい科目です。教科書に載っている文章が、そのまま試験問題に採用されれば別ですが、そんな可能性は極めて低いからです。実際に試験に出題される文章は、はじめて読む文章ばかりでした。

　そんなはじめて読む文章をベースに「傍線部分で筆者が伝えたいことはなにか」などと問われるのですから、事前の知識はまず役に立ちません。ある意味、現代文は当意即妙の現場判断の要素が大きい科目なのです。ちなみに同じ国語でも古文と漢文は、やったぶんだけ成果に結びつく、私の得意科目でした。

　現代文で高得点をあげるためには、「7回読み勉強法」とは違う勉強法が必要だったのでしょうが、現代文だけのために、新たに別の勉強法を身につけるのは非効率だと私は考えました。そこで、現代文で得点できないぶんは他の科目で補うという戦略をとったのです。

　そう腹をくくることができたのは、「7回読み勉強法によって、確実に成果が出る科目がある」という信念があったから。苦手科目では守りに入っても、得意科目で攻めればいい。試験は総合点で判断されるので、この考え方は間違っていなかったと思います。

✎ 得意な分野を伸ばすこと

私が考える合格への道筋はこうです。

▼ 得意な分野を伸ばすこと

まず自分が好きな科目を徹底的に勉強してみる

▼

すると自分に合った勉強法がわかってくる

▼

その勉強法で苦手な科目に臨んでみる

▼

同じ勉強法でやってみると
得意な科目と苦手な科目がわかってくる

▼

得意な科目を伸ばす（苦手な科目に時間をかけない）

▼

苦手な科目を得意な科目でカバーする

そもそも「7回読み勉強法」は、私が読んで覚えるということが得意だからやっていること。勉強だけでなく、人生そのものにおいても同じことがいえるかもしれません。

勉強の型を他の科目に応用する

前ページの合格への道筋を具体的に説明しましょう。私の場合、もともと社会が好きな科目だったので、社会を徹底的に勉強してみました。すると、教科書を繰り返し読むという勉強法が自分に合っていることがわかりました。

さらに、この勉強法を苦手な数学に応用してみました。教科書の問題を自力で解くのではなく、逆に解答から読みはじめて、その問題の解き方のパターンを覚えていったのです。すると、苦手だった数学でもかなり得点できるようになりました。教科書を繰り返し読む勉強法は、数学にも有効であることがわかったのです。

とはいえ、数学が他の科目に比べて苦手であることに変わりはありません。数学が得意な人は、はじめて見る問題であっても、頭のなかで論理的に考えて解答することができるのだと思います。私にはそういった数学的なセンスはありません。だからこそ、解答を覚えるという逆転の発想を得たわけです。

「数学は苦手」と割り切って、ちょっとでも多く得点できるようになることに徹したのです。

得意な分野を深掘りする

当時、センター試験後に受ける東大の2次試験の受験科

目は、英語、数学、国語、社会（日本史、地理）でした。
倫理と化学以外は、センター試験の受験科目と同じです。

　ただ、マークシート方式のセンター試験と違い、東大の
2次試験は全科目が記述式です。部分点をとれるかどうか
が合否に大きく影響します。部分点とは、出題に完璧には
答えられなくても、途中まで解答することによって得られ
る点数のことです。

　私は、センター試験でしか受けない倫理と化学、そして
苦手な現代文と英語については、他の受験科目に比べて勉
強をしませんでした。前述した通り、他の科目を徹底的に
勉強し、不得意科目をカバーするようにしたのです。

　2次試験の記述式は、「覚えていること」「考えているこ
と」を、きちんとアウトプットすることが求められます。
すべて解答できなくても、途中までわかっているのなら、
そこまでをきちんとアウトプットする。それが点数に結び
つくのです。

　「7回読み勉強法」では、固有名詞のみならず、歴史の流
れが頭に入ってきます。その過程をアウトプットすること
で、確実に得点を重ねることができます。

　マークシート方式では、○か×しかありません。それが
記述式では、深掘りした知識があればあるほど、部分点に
つながります。「7回読み勉強法」は、繰り返し勉強する
という努力が必要です。それだけに、努力の過程を答案用

紙に表現できる東大の２次試験は、私の勉強法と相性がよかったともいえます。

「苦手」は発想の
転換で克服する

✎ 得意なことを軸にする

　私が高校3年生の5月から受験勉強をはじめたとき、数学の教科書の内容がまったく頭に入ってきませんでした。文系人間の私は、もともと数学は得意ではない。このとき、あらためて「数学が苦手だ……」と思い知らされました。

　そこで、まずは得意な社会の勉強から手をつけて、数学の勉強を後まわしにしました。得意な社会の勉強によって、自信が持てます。「社会はいけるから、数学ができなくてもカバーできそう」と思えて、不安が払しょくされたのです。

　さらに「数学の解き方のパターンを地道に覚えて得点につなげる」という自分の身の丈に合った突破口が見えてきたのです。実際、その方法で勉強を重ねると、数学の点数が安定してきました。苦手科目で及第点のレベルに乗れば、不思議とそのレベルからは落ちないようになるのです。

「苦手なことを克服して、なんとか伸ばそう」と、多くの

人は考えるのではないでしょうか。しかし、**本当は得意分野を伸ばすことに集中したほうが効率的なのです。**

　私の経験でも、得意なことを軸にもってくると、苦手なこともそこそこできるようになります。

✐ 苦手なことに固執しない

　苦手なことは、誰しもあります。そして、苦手なことを克服するのは苦痛をともないます。さらに、時間をかけて克服しようとしても、それに見合った成果が出にくい。嫌々やることは、それ自体つらいことですし、それゆえ成果も出にくいのだと思います。

　だからこそ、苦手なことをなんとかしようと固執しない。苦手なことに時間を費やすよりも、得意なことを究めることに時間を割いたほうが、効率的。結果として得られる成果がずっと大きいのです。

　実際、得意なことを究めて高得点を狙うことで、苦手なことのマイナスをカバーするほうが、ずっと簡単です。

　たとえば、現時点で得意な日本史が 80 点、苦手な現代文が 50 点だとします。日本史の 80 点をキープしたまま現代文を 70 点にするのと、現代文は 50 点のまま日本史を究めて 100 点をとることを比べたら、同じ合計点でも絶対に後者のほうが楽しいし、実現の可能性が高いと思います。

✎ 得意なことで克服しよう

　苦手な現代文を伸ばすための勉強と、得意な日本史を伸ばすための勉強であれば、後者のほうが効率がいいに決まっています。さらに現代文が70点のレベルの人は他にもたくさんいますが、日本史100点はクラスにひとりしかいなかったりします。それが自信にもなります。そのため、得意なことを伸ばすほうが、成果は大きいのです。

　苦手なことは現状維持と割り切って、得意なほうを完璧に近づけようとするのが、私の考え方の根底にあります。

　そもそも、得意なことを伸ばそうという行為自体、やる気を持続しやすいです。苦手なことは、やっていて楽しくありませんし、苦痛ですらあります。そういう苦難に立ち向かう精神は否定されることではありません。しかし、試験に合格するという目標達成のためには、つねに効率を追求すべきです。

　もちろん、ある程度のつらさを乗り越える覚悟は必要です。得意なことであっても、前述したプラトーやスランプはやってきます。そんなときでも、どうせつらい思いをするのなら、苦手なことでつらさが上乗せされるよりも、得意なことのほうが乗り越えやすいです。つらさの次元が違うからです。

✎ "どこか凸んだレーダーチャート人間"

これまでの話をわかりやすくレーダーチャートにして説明してみましょう。

科目別の得点を、レーダーチャートにしてみます。全科目が満点だと、「大きな円」になります。しかし、高いレベルの試験になると、それはとても難しいことです。一般的には、ある科目は高得点でも別の科目はそうでないという、いびつな形のレーダーチャートになるケースが多いはず。

大切なことは、レーダーチャートの凹んだ部分ではなく、凸んだ部分に注目すること。つまり、得意なことに特化して伸ばしていくわけです。

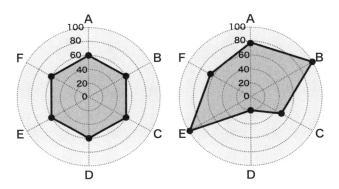

求められるのは "小さな円形レーダーチャート人間 (左)" ではなく、"どこか凸んだレーダーチャート人間 (右)"

これからの社会でより求められるのは、ゼネラリストよりもスペシャリスト。なんでもそこそこ平均的にできる“小さな円形レーダーチャート人間”ではなく、“どこか凸んだレーダーチャート人間”のほうです。

✏ 得意なことで誰かのぶんまで補ってやる

　これは、私自身が社会に出て実感していることでもあります。苦手な分野の仕事を全部自分で手がけるより、その分野が得意な人と組んで仕事をすると絶対的に効率がいい。しかも、その人から苦手な分野の仕事のやり方を学ぶこともできて、一石二鳥です。

　かつては「苦手なことでも頑張って自分でやる」という暗黙の大前提があったような気がします。苦手な分野を半ば無理やりに克服することが美徳とされ、小さくても平均的な円形を描くゼネラリストが求められてきたのです。

　しかし、今の世のなか、そしてこれからの社会は変わっていくでしょう。実際に“どこか凸んだレーダーチャート人間”のほうが求められる世のなかになってきつつあると私は感じています。ひとりでやる仕事はどんどん減っており、チームで補い合って仕事をする度合いが高まっている時代です。“どこか凸んだレーダーチャート人間”の価値が、実社会において高まっているのです。

　苦労するわりに成果が出ない苦手なことは、それが得意な誰かに任せてしまえばいい。しかし、自分が得意こと

では、誰かのぶんまでやってしまうくらい効率的に成果を出す。まさに私が確立した勉強法が、実社会でも通じるのだと感じています。

✎ 平均点ではなく最低点に注目

　勉強の話に戻りますが、自分の得意なことを知るために注意すべき点があります。

　それは平均点ではなく、最低点に注目すること。

　模試を受けて、英語の得点が前回は 70 点で、今回は 90 点だったとします。模試 2 回の得点を足して 2 で割って、英語の得点力を 80 点と判断するのは間違いです。この場合の英語の得点力は 70 点です。

　私は高校 3 年生のとき、はじめて受けた「政治・経済」のテストで 95 点をとりました。「私、政治・経済が得意なんだな」と思ったものの、その次の模試の点数は 75 点。2 回のテストを平均すれば 85 点ですが、本来の私の政治・経済の得点力は 75 点だと判断したのです。

　東大（文科 I 類）に合格するためには、最悪のコンディションでも総合点で上位 500 人に入ることが絶対条件でした。そのため、各科目の最低点を基準に、最悪の事態を想定しながら戦略を練りました。

　「なんだかよくわからないけど、いい点がとれちゃった」

というまぐれ当たりは、あくまで「まぐれ」。理由が明確でない好結果を信用して、自分の基礎点を考えるのは、実は一番危険なことです。

　江戸時代の剣術の達人、松浦静山の書『剣談』に「勝ちに不思議の勝ちあり、負けに不思議の負けなし」という名言がありますが、まさにそうだと思います。

　また、試験を受けたあとで出来不出来がわからないのは、かなり初歩のレベルです。本当に学力がついてくると、自分の出来がわかるようになってきます。このレベルまで到達してこそ、自分の得意なことと苦手なことの判断ができるようになります。

　ちなみに政治・経済の模試で95点をとったのは、まぐれ当たりだったと気づいた私は、センター試験本番で政治・経済を選択しませんでした。

パート8のポイント

- 得意なことで苦手をカバーするほうが簡単
- 現在の社会ではスペシャリストのほうが求められる
- 平均点ではなく最低点に着目して事態を想定する

パート 09 読む、書く、聞く、話す 4つのどれが得意か

🖊 司法試験は私の勉強法にうってつけ

　私が東大の2年生のときに勉強をはじめて、3年生で受験した司法試験の話をします。

　キャリア官僚になるという小学生のころからの夢をかなえるために東大に入ったわけですが、国家公務員Ⅰ種試験の勉強は大学3年生になってからはじめたほうがいいと判断。大学4年生にならないと、国家公務員Ⅰ種試験は受けられないと思っていたからです。

　そこで大学2年生の1年間は、司法試験の受験勉強をすることにしました。司法試験に合格しているキャリア官僚は珍しくありません。キャリア官僚は行政府の役人ですが、法律案の多くも実質的にはキャリア官僚が作成しています。そのため、司法試験に合格しておくと、将来きっと役に立つと思ったのです。

　司法試験は社会科の試験のようなもの。勉強を進めるうちに、「司法試験は私の7回読み勉強法に向いている」と

いう自信がわいてきました。

✎ 自分の勉強法に合う教科書を選ぶ

　まずは司法試験の教科書選びからはじめました。司法試験の関連書が充実している大規模書店で、関連書を片っ端から手にとり、読みやすさや自分との相性を吟味しました。最終的に選んだのは、司法試験の関連書では有名な大手資格試験予備校LEC（東京リーガルマインド）の教科書でした。決め手は、各科目の網羅性が一番高く、1冊に集中する私の「7回読み勉強法」にうってつけだったことです。

　当時の司法試験の記述試験は6科目（憲法、民法、民事訴訟法、刑法、刑事訴訟法、商法）。大学2年生の4月から読みはじめ、6月には全科目をひと通り網羅しました。それから司法試験の過去問を解いてみたり模試を受けてみたりして、自分の現状の学力を把握しつつ、さらに教科書を読み込んで、足りない知識をどんどん埋めていきました。この勉強法を続けていると、自分が成長曲線のどこにいるのかがわかります。これも東大入試の受験勉強と同じです。

　ある時点でプラトーがやってきて、成績が伸びなくなります。けれど、それは必ず越えられる壁であることを経験上わかっています。そのため、勉強法がブレることはなく、教科書を繰り返し読み続けました。

そうやって大学3年生の7月には、司法試験の論文式試験を受けて合格に至りました。

✎ トラウマを引きずる

「読む」「書く」「聞く」「話す」——人の能力にはこれら4つの側面があるといわれます。

　人それぞれ得手不得手があると思いますが、私は読むことが得意だし、好きです。だからこそ、「7回読み勉強法」を実践しているわけです。

　先ほどの4つの能力を2つに分けると、「読む」「聞く」がインプット、「書く」「話す」がアウトプット、となります。私はインプットに長けていて、それを最大限に活用して勉強をしてきたわけです。

　一方、司法試験には論文式試験を突破すると、次に口述試験があります。口述試験は「話す」というアウトプットの能力が問われます。私は読むことに比べて話すことは苦手。それは小学1年生のときのちょっとしたトラウマがあるからです。

　小学1年生のとき、授業参観がありました。その授業で「夏と冬で違うものはなんですか？」と、先生がクラスのみんなに問いました。授業参観にきてくれた母の前で、私は自信満々に「ハイッ！」と手をあげ、こう答えたのです。

「同じおとうふでも、夏は冷ややっこにして、冬はゆでど
うふにします」

「湯どうふ」を“ゆでどうふ”と言い間違えてしまったの
です。その言い間違いに気づかず、ものすごくいい答えを
したと自信満々だった私。それに対して、教室はすごく微
妙な空気に……。

「真由ちゃん、湯どうふのことを、“ゆでどうふ”って言
い間違えてるよね」というとても微妙な空気が教室に広が
っていきました。

✐ アウトプットは書く能力だけ

　その微妙な空気のなか、私は自分の間違いに気づかされ
たのです。些細なことですが、まだ幼かった私にとっては、
忘れられないトラウマになりました。

　それ以来、「発言すると損をする」というネガティブな
感情が私のなかに刷り込まれ、発言することに二の足を踏
むようになったのです。今は多少克服していますが、それ
でも話すことの苦手意識はずっと抱えたままです。

　この心の傷は、思いのほか長期にわたって悪影響を与え
続けました。大学3年生で司法試験の口述模試を受けたと
き、突然、この遠い過去の出来事がフラッシュバックして
きました。そして急に恐怖がこみあげてきて、口述模試で
思ったように話すことができず、なんと試験官の前でボロ

ボロと泣いてしまったのです。小学1年生のときのトラウマがまだ心の奥底に残っていたことに驚かされました。

　それまでの私の人生において、日常会話を除けば、アウトプットするときは、書くことで事足りていました。入試で話す能力は問われませんし、面接もありませんでした。書く能力は論述試験などで問われるので、私にとってのアウトプットの手段は、書くことだったのです。

「書けるんだったら話せるでしょ」と思われるかもしれませんが、そうはいかないのです。そのときに「読む」「書く」「聞く」「話す」という能力には得手不得手があるのだと、私は明確に認識しました。

✎ 4つの能力の偏りを自覚

「読む」「書く」「聞く」「話す」という能力に関して、5段階で私自身を評価すると、「読む =5」「書く =3」「聞く =4」「話す =1」となります。

「読む」「聞く」というインプットは高評価である一方、「書く」「話す」というアウトプットは低評価。つまり、私の能力は"インプット偏重"という自己評価です。

　書くといっても、私が得意なのは、インプットした情報をそのまま転写するように書くこと。創造的にゼロから文章を書くことは、得意ではありません。

　私の基本戦略は「得意な分野で攻めて、苦手な分野は守

る」。全体として及第点を上まわろうという戦略です。ただ、実社会においてはアウトプット、とくに苦手な「話す」ことを完全に避けて通るわけにはいきません。

　大学を卒業し、財務省のキャリア官僚として働きはじめてからというもの、苦手なアウトプットをかなり求められるようになり、とても戸惑いました。

✎ 避けられない苦手は克服する

　大学時代は、すべての授業を録音し、それをテープ起こしして独自に教科書を作っていました。それを十分に読み込む（インプットする）ことで、成果を出し首席で卒業することができたのです。

　ところが社会に出ると学生のときのようにはいきません。とにかく忙しい。「8割程度かな」と思うインプットの状態でも、どんどんアウトプットすることが求められる。キャリア官僚になって「これは正直、きついな……」と思いました。

　一方で、マンツーマンで交渉事をしたり、人前でプレゼンテーションをしたりするケースも出てきます。話すことが苦手でも、仕事をしていくために話す能力を高めることが必須の状況に追い込まれたのです。

　そこで、話す能力を高めるために一念発起。専門の先生に話し方を習うことにしました。話し方を基礎の基礎から

教えてもらったのです。仕事でプレゼンテーションする機会があれば、自宅で予行練習。自分の声をスマートフォンやICレコーダーで録音して、聞いてみるということを繰り返しました。

これが功を奏し、話すことに以前ほど苦手意識を持たなくなりました。しかし、事前に内容が決まっていないフリートークは、苦手なままです。

苦手科目は現状維持のままで、得意科目を伸ばして全体として合格レベルにもっていくことが、勉強では得策です。しかし、話す能力に関しては実社会で活躍するうえで避けて通るわけにはいきません。苦手なことを克服するには、かなり労力を費やしますが、このときばかりは苦手なことに正面から挑んだわけです。

🖉 苦手な「話す」は「聞く」でカバー

得意なことで攻めて、苦手なことは守るという私の受験戦略は、社会に出てから形を変えて活きています。つまり、話すことが苦手なぶん、人の話をよく聞く姿勢をとっているのです。

できる営業マンは、話し上手ではなく、実は聞き上手と聞きますが、まさにその方法です。会話や交渉をする時間のうち、私が話すのは2割くらい。その他の8割は相手の話を聞くようにしています。

意識して聞き役にまわるようになってからというもの、思わぬ効果を実感しています。相手が目上の方の場合、とくに効果的なのです。そもそも人は自分の話をきちんと聞いてくれる相手には好印象を抱くもの。これが目上の方であれば、なおのことのようです。

　私は司法試験だけでなく、国家公務員Ⅰ種試験の口述試験対策の模試でも、試験官の前でなにも話せずにボロボロと泣いた経験があるくらい話すことが苦手。社会に出てからは、それを逆手にとった戦略を立てたわけです。

　プレゼンテーションのように自分がほぼ一方的に話す場合は、事前の準備をしっかりしておく。マンツーマンの交渉事であれば、聞くことに徹する。そうすることで私の苦手分野をカバーしています。

　これはまさに受験勉強から学んだノウハウです。自分の得意なことと苦手なことを明確に自覚すること。これは、社会に出てからも役に立つことです。

🖊 東大では全授業の音声をテープ起こし

　私の書く能力に対する自己評価は３ですが、これは読んでインプットしたことを転写のように書き出すという意味の書く力です。創造的に文章を書くことは苦手。もとになる教科書があり、それを読んでインプットしたことを書いてアウトプットする。これは私の得意なことですから、受験勉強で徹底的に究めました。

東大入学後の定期試験でも、教科書を読んでインプット、それを試験用紙に書いてアウトプットするという作業で、結果として首席となりました。

　もっとも東大では、教科書がある授業とない授業があります。教科書がある授業は、その教科書で「7回読み勉強法」を実践します。教科書がない授業では、前述の通り録音して、それこそ「えー」「うーん」といった間投詞まで、授業の音声をそのまますべてテープ起こしします。そうやって独自に教科書を作るのです。

つまり、教科書を自分で作って、「7回読み勉強法」を実践したのです。

　例の東大名物「しけプリ」を駆使している学生もいました。私自身は、しけプリを使うことはありませんでした。授業の内容をまとめたこともありません。授業の音声を録音してテープ起こしをするので、授業中に必死になってノートをとる必要はないのです。東大の記述試験に必要なのは、しけプリの断片情報ではなく、細かい情報をもらさずインプットしておくこと、それを試験で書けるようにしておくことだったからです。

✏ 答案用紙はラブレター

　ただし、授業中にノートをとらないでぼうっしていると、授業に対して熱意がないという誤ったメッセージを与

えかねません。ですから、備忘録程度にノートはとっていました。一方は簡単過ぎ、一方は詳し過ぎ。「ノート貸して」と頼まれたら、自分の手書きメモもテープ起こししたものも貸していましたが、結局は役に立たないようでした。

　一方、しけプリを作るのが上手な学生の成績は、おおむね中の上くらいです。そんな学生たちが作ったノートは、とてもきれいに要点がまとまっており、「おっ、さすが」と感銘を受けるくらいでした。

　しかし、ノートをきれいにまとめる過程で、情報量が落ちています。授業の内容を全部書き出すのは大変ですが、そのぶん情報量で圧倒的な差がつくのです。

　私にとって「書く」というアウトプットは、定期試験の答案用紙に向かってすること。その準備でしかないノートに書くということには、必要性を感じていませんでした。

　定期試験の答案用紙に解答する「書く」ときに意識したのは、その科目の担当教授のことです。私にいわせれば、答案用紙は"教授へのラブレター"なのです。

　出題は必ず、担当教授が授業で教えてくれたことから出ます。「ちゃんと聞いていました！よく理解できました！」と伝える気持ちで、解答用紙に書くことを心がけていました。

　書くということは、感謝や思いやりといった自分の気持

ちを相手に伝えることでもあると思うのです。その結果、
東大卒業までの162単位が全部「優」、法学部を首席で卒
業することができたと思っています。

パート9のポイント

● 教科書は網羅性の高いものを選ぶ
● 「読む」「書く」「聞く」「話す」能力の偏りを自覚
　する
● 能力の偏りも苦手な分野は得意な分野でカバーでき
　る

第5章

「7回読み」の成果を最大化する習慣術

パート 10

集中力を最大限に高める方法

✐ 「これ以上は無理！」という集中力

「7回読み勉強法」で大切なのは、集中力です。その点、多くの人は限界まで集中するという経験をしたことがないのではないでしょうか。

人が一番集中できるのは、本当に追い込まれたとき。私自身が、そうでした。大学3年生で司法試験を受けたとき、追い込まれた私は「これ以上は無理！」というくらいの集中力を発揮しました。社会人になった今でも「あのときに比べたら楽だな」と思うことができる、とても貴重な経験となっています。

大学3年生の7月、司法試験の論文式試験を受けました。その合格発表は同年10月です。合格発表の2週間後に最後の関門となる口述試験があります。合格発表を待たずに7月の論文式試験が終わった時点で口述試験の準備をはじめることもできます（現在、口述試験は実施されておらず、試験日程は私が受験した当時のものです）。

154

ところが、私は「自分が合格したかどうかもわからない
うちに、次の口述試験の勉強をはじめたりしたら、きっと
不合格になる」と験担ぎをしたのです。

　私は普段からわりと験担ぎを重んじるのですが、「そん
な先まわりをしてしまったら、試験の神様がヘソを曲げち
ゃう」と考えたのです。そして、口述試験の勉強を一切し
ないまま、10月を迎えました。

　験担ぎの効果もあってか、論文式試験に合格。しかし、
口述試験までは2週間しかありません。司法試験のうち、
論文式試験までの合格率は当時2％ほど。それに対して口
述試験には90％もの受験者が合格します。「ここまでくれ
ば大丈夫」と多くの受験者が思うであろう口述試験。しか
し、話すことに苦手意識が強い私は「私こそが口述試験で
不合格になる10％に入ってしまうに違いない」という確
信に近いネガティブな気持ちを抱いていました。

✎ 幻聴が聞こえるまで集中した2週間

　そこから私にとっては悪夢のような2週間がはじまった
のです。論文式試験の合格発表から口述試験までの2週間
は、これまでの私の人生において最も追い込まれた経験と
なりました。

　この2週間は自宅から一歩も外へ出ることはありません
でした。睡眠は1日3時間。食事やお風呂、札幌に住む母
と電話で話す10分間を除いて、1日のうち19時間30分

パート10　集中力を最大限に高める方法

をすべて口述試験の勉強にあてたのです。

睡魔と闘うために冷たい水を入れた洗面器に足をひたし、２週間、まさに勉強漬けの毎日を送りました。

10日くらい経ったころだったでしょうか。どこからともなく『蛍の光』のメロディーが聞こえてきたのです。毎日10分と決めていた母との電話、この唯一のリラックスタイムに、「こんな時間に誰が『蛍の光』を歌ってるの？」と電話で母に訴える私。それに対して、電話口の母は、「えっ、私には聞こえないわよ……」といいます。

私にだけ聞こえる「ほたるのひかり、まどのゆき〜」というメロディーの繰り返し。「これが、幻聴というものなのか……」と、人生初の体験をしたのでした。

そんな幻聴は、口述試験当日まで、正確にいうと試験の面接室に入る直前の待合室にいるときまで続きました。振り返ると、あれが私の"究極の集中体験"だったといえます。

✎ 自分の集中力の限界を"見える化"

私はなにも「幻聴が聞こえるまで集中しなさい」といいたいのではありません。自分の集中力の限界がどれくらいかを体感して、"見える化"すると貴重な尺度になるといいたいのです。

先の経験を通じて、私は、「1日3時間睡眠で19時間30分勉強に集中しても2週間までならできる」ということを体感しました。同時に「それ以上は絶対に無理！」ということも身をもって知りました。

「いざとなったら、あれくらいまでは集中はできる」という私なりの指針が、この経験によってわかったのです。

　こうなると、心のスタミナがつくとでもいうのでしょうか。かつてなら追い込まれていたレベルのことでも、余裕を持って対処できるようになりました。

　自分の集中力の限界を知ることは、大切なポイントです。1日19時間30分の勉強法をすすめるわけではけっしてありません。ただ、限界まで自分を追い込んでみる経験をしておくと、人生や人間性の幅が広がるといっても過言ではないのです。

✎ 最も集中できる環境を知る

　自分が集中できる「場所」について理解しておくことも大切です。私が試行錯誤してわかったことは、自分の部屋が一番集中できるということです。

　高校時代の話ですが、学校の教室、図書館、ファミリーレストランと、3か所で勉強してみて、どこが最も集中できるか試したことがありました。しかし、いずれも集中することは難しい。私は、誰かがまわりにいる環境では集中

できないことがわかったのです。やはり、自宅の自分の部屋で勉強するときが最も集中できて効率があがったのです。

　私にとって勉強するためのベストな空間は自分の部屋。ただし、ひとつだけ問題があります。それは、「いつでも横になれる」、つまり寝られるということ。勉強に疲れると、ついふらっとベッドに誘われてしまい、気がつくとベッドに横たわっているということが何回かありました。

　そこで私は、ベッドのマットレスを外してしまいました。こうしておくと、寝るときにはマットレスをベッドに戻すという作業が必要になります。そうやって、無意識にベッドに横たわることがないようにしたのです。このように自分が最大限集中できる環境を整えるためには、いつもの環境をカスタマイズすることも効きます。

🖉 自分の集中力の特性を把握する

　バックグラウンドミュージック（BGM）も試したことがありますが、日本語の歌は絶対に集中できません。歌詞が理解できると、歌詞を頭のなかで唱えてしまい、教科書を読む作業の邪魔になるからです。洋楽だとちょっとはマシですが、やはり余計な情報が入り込んでくるのであまり集中できません。

　歌のないクラシック、とくにテンポの速いピアノ曲であれば、テンションが高まって集中力も高まるのではないかと試してみたことがあります。ところが、私にとっては集

中の邪魔になりました。

あるとき母と話していると、「雑談している人がまわりにいると集中できる人がいるみたいよ」とのこと。そこで、家族がテレビを観ているリビングで勉強してみました。しかし、これもまったく集中できません。

私の場合、結局はなんであれ余計な情報が入ってくると集中力が欠けてしまうことがわかったのです。その結果、静かな自分の部屋で勉強するのが一番集中できると確信したのでした。以後、東大受験、司法試験、国家公務員Ⅰ種試験と、すべて自分の部屋で勉強するのが基本となりました。

もちろん、これは私の場合です。人によっては図書館や喫茶店で勉強したり、BGMを聞きながら勉強したりするほうが集中できるかもしれません。いずれにせよ、実際にいろいろ試してみて、自分が一番集中できる環境を見つけることが大切だと思います。

✏️ 休憩を入れるベストタイミング

これも中学時代の話ですが、「朝早く起きて勉強する」のと「夜遅くまで起きて勉強する」というのも試しました。

その結果、私は夜型人間だとわかりました。朝早く起きると、「今日はこれから丸1日使える」との余裕に、つい気がゆるんでしまうのです。朝はどうしても集中できませ

んでした。

　休憩を入れるタイミングについても、いろいろと試して
みました。「何時になったら休む」と時刻で決めたほうが
いいのか、それとも「何時間たったら休む」と時間で決め
たほうがいいのか、といった試行錯誤です。

　その結果、私に一番合っていたのは、「1時間やったら5
分間休憩」というサイクルでした。はじめは「1時間やっ
たら10分間休憩」としてみたのですが、私にとって10分
間の休憩は長過ぎて時間を持て余し気味。そうやって1時
間やったら5分休憩して、休日であれば午後3時になった
ら“おやつ休憩”を入れるという基本パターンができまし
た。

　もっとも、これは学生時代の話です。社会人となった今、
仕事をするうえで私が最低限やっているのが、「1時間仕
事をしたら目のストレッチをする」という休憩のサイク
ル。疲れ目を癒やすために、目を寄せたりまわしたりする
のです。

　勉強や仕事のパフォーマンスを高めるためには、メリハ
リが大切です。意識して定期的に休憩を入れるということ
は、効果的だと思います。

● 自分の集中力の限界を見える化しておく

● 自分が最も集中できる場所を知っておく

● 試行錯誤して休憩を入れるベストタイミングを探る

パート10 集中力を最大限に高める方法

自分にスイッチを
入れる方法

✎ 私だけの"マイ・パワースポット"

　私には、"頑張るスイッチ"を入れる場所があります。それは札幌にある実家の２階、私の部屋にある窓辺です。中学時代まで使っていたその部屋の窓から眺める景色は、隣の家も夜の星空も、幼いころからずっと変わっていません。

　私は実家に帰ると２階にあがって自分の部屋の窓辺に立ち、その景色を眺めることにしています。そして、そのときに頑張っていること、目標にしていることについて、お願いをするのです。

　大学３年生のときもそうでした。司法試験の短答式試験と論文式試験が間近に迫った５月のゴールデンウィークに帰郷したときのこと。試験突破を願いました。

　次に帰郷するときは、試験を受けたあと。今、窓の前に立っている自分と、次、同じ窓の前に立つ自分。その間は、自分が頑張らなくてはいけない期間だと位置づけて、自分

にスイッチを入れるのです。

　札幌の実家には頻繁に帰れるわけではないので、長期間の"頑張るスイッチ"を入れる場所にしています。いわば"マイ・パワースポット"のようなものです。

✐ 日々の生活にアンカーを打つ

　高校時代からお世話になっていた横浜の祖母の家にも"マイ・パワースポット"があります。それは仏壇です。外出前と帰宅時、私は亡くなった祖父に毎日お線香をあげていました。これが"頑張るスイッチ"を入れるタイミングになっていたのです。

「今日は試験だ。帰宅してお線香あげるときには、試験の出来がわかっている」と思うと"頑張るスイッチ"が入り、集中力が一気に高まるのです。つねに集中し続けることは不可能。だからこそ、「ここからここまでは気持ちを高めて頑張る」という期間を明確にしておくと効果的です。

　私流に表現すると、それは「アンカーを打つ」ということになります。

　パワースポットは、他にもあります。東京・渋谷にある明治神宮です。行きつけのネイルサロンのすぐ近くにあるという理由で、ネイルサロンに行くたびに定期的に訪れます。そうすることで、そのときと次に訪れるときの自分をイメージします。すると、日々の生活にアンカーを打つよ

うな感覚になり、おのずと日々の生活にもメリハリがつい
てくるのです。

✎ ルーティンを決めてスイッチを入れる

　スイッチを入れるには、験担ぎも大切だと思います。「こ
れを触ると縁起がいい」「これをやったら大丈夫」という
ようなお決まりの段どり（ルーティン）を決めておくと、
スイッチを入れるリズムができます。

　私は勉強や仕事をするときに、すぐにスイッチを入れる
ルーティンも編み出しました。験担ぎのお守り、砂糖をた
くさん入れて温かい牛乳を注いだマグカップ、それにアナ
ログの腕時計を用意。自宅であれば、ずっと使い続けてい
る電気スタンドをつけて完成です。

　椅子に座って腕時計で時刻を確認したら、それ以上は余
計な動作をせず、すぐに目の前の勉強や仕事にとりかかり
ます。自動車の運転席に座ったら、すぐにエンジン始動の
キーをまわす（スイッチを入れる）イメージです。

　時刻を確認するのは、「今から1時間やったら5分間休憩」
という私にとってのベストサイクルがあるからです。アラ
ームやストップウォッチなどは使いません。昔からアナロ
グの腕時計と決めています。

　アナログの時計だと、3分の1ぐらい経ったとか半分超
えたとか、長針の進み具合を一目見て把握できます。デジ

タルの時計だと、そういう視覚的効果がともなわないので使っていません。

また、置き時計ではなく腕時計を使うのは、いつも身に着けているので見慣れているから。試験会場や仕事場で使うのと、同じ時計がいいのです。

このように自分なりのルーティンを決めておくと、さっとスイッチを入れることができます。

✎ 験担ぎはけっこう大切

再三いうように、私はよく験担ぎをします。臆病で怖がりな性格ということもありますが、験担ぎが集中力のアンカーを打つことにもつながるからです。

たとえば、高校時代には「石」を肌身離さず持ち歩いて、大事な試験の前などにその石を触るようにしていました。すると、スイッチが入るのです。模試の結果や試験の合格発表も、必ずその石を触りながら見ていました。

こういう石のようなチャーム自体は、ずっと同じものではありません。悪いことが起きたら、それを捨ててしまうからです。ポーンと投げてしまって、新しいチャームに替えてしまいます。

「悪いことは古い石と一緒にどこかへ行っちゃった」ということにして、**自分を責めない。そう決めておくと、悪い**

**ことが起きても、それを引きずらずに気持ちを切り替える
ことができるのです。**

「神社のお守り」をチャームにしているときは、そのお守
りもつねに持ち歩いて、自分が努力している姿を見せてお
くことが大切だと思っています。そうすると、ここ一番で
力を発揮しなければならないときに助けてくれるはず。そ
ういう思いを込めて、会社の机にも置いて「見ててね！」
といって仕事をしています。

　私は他にも、こんな験担ぎをしています。
● 試験前に会場でチョコレートを食べる
● カラスの羽を見たら、左右の人差し指を10回交差させる
● 黒猫に横切られたら、絶対に横切り返す
● 「赤帽」のトラックを見たら、3歩下がる

「なんでこんなバカバカしいことをしているの⁉」と思わ
れるかもしれません。しかし、なにかイレギュラーなこと
があっても、私の場合、こうした験担ぎをしておくと不安
を打ち負かすことができます。

　元野球選手のイチローさんも、バッターボックスに入る
まで、それからバッターボックスに入ってからの動作や、
朝食のメニューなどさまざまなところで験担ぎをしていた
そうです。験担ぎというのは、けっこう大切なことなので
す。

　集中力を高めるには、アンカーを打つことが大切だとお

伝えしましたが、これらの験担ぎは、まさにアンカーなのだと思います。

✎ 締め切りは他人に決めてもらう

　集中力を高めるには、締め切りを設けることも大切です。司法試験の口述試験で極限まで集中できたのも、2週間という非常にタイトな締め切りがあったからこそ。試験の場合、試験日という明確な締め切りがありますが、数か月、場合によっては1年以上先の締め切りに向かって集中力をキープするのは大変です。

　また、仕事であれば、複数の案件を抱えていることも少なくありません。自分なりに各段階である程度細かく締め切りを設定することも大切です。

　東大入試や司法試験では、1か月おきくらいに模試を受けるようにしていました。そうすることで毎月、自分にとっての締め切りを設定していたのです。

　こうして外的要因を締め切りとして利用すると便利です。

　自分の内的要因だけで締め切りを設定するのは、なかなか難しいことです。まだ遠い先にある試験日を逆算して、たとえば「1日50ページずつ教科書を進めよう」と決めても、実際にはなかなかうまくいきません。

　あまりに過酷な締め切りを自分で設定して、それを守ろ

うとすると、勉強や仕事全体のバランスが悪くなってしまう危険があります。だからこそ、勉強であれば、模試を締め切りと考えるわけです。締め切りは、外的要因によって決める。そうするほうが、プレッシャーは大きくなったとしても実行するのは楽です。

✏ 締め切りを他人と共有する

　締め切りは、他の誰かと共有すると守らざるを得なくなります。これは社会人になると痛感することです。仕事上の締め切りは自分だけの問題ではありません。連携している会社の同僚や取引先にも影響を与えることです。

　私は締め切りを事前に自ら宣言してしまいます。「来週月曜日には、この資料を作成してお渡しします」と相手にお伝えしてしまえば、もう守らざるを得ないからです。

　不言実行より有言実行のほうが、事を成し遂げやすいのです。

　あるいは、準備ができていなくても先に打ち合わせの日程を決めてしまいます。そして、「その日までに関連する資料を用意しておきます」といった具合に宣言することもできます。

　自分だけで完結する事柄であれば、締め切りを破っても影響はないかもしれません。しかし、締め切りを他人と共有している場合、それを守らないとなると「だらしないと

思われる」「申し訳ない」などという思考も働きます。それだけでも集中する動機づけが得られます。

　仕事をしながらなにか資格試験の勉強をする場合、勉強会に参加するのも効果的だと思います。インターネットで検索すれば、自分が目標にする資格試験の勉強会があるでしょう。そこで同じ目標を持つ人たちが頑張っている姿を目の当たりにしていい刺激をもらい、また自分も他の人にいい刺激を与えるのです。

　繰り返しになりますが、集中力をつけるために大切なことは、アンカーを打つことです。目印となるアンカーを打つからこそ、平坦な日常にメリハリが生まれるのです。

パート11のポイント

- ●頑張るスイッチを入れる "マイ・パワースポット" を決める
- ●ルーティンや験担ぎで頑張るスイッチを入れる
- ●締め切りは他人に決めてもらい、共有する

パート 12 パフォーマンスが劇的に アップする時間術

　私は毎日の細かいスケジュールは立てません。ここでいっているのは、自分自身の仕事や勉強のこと。仕事であれば、会議や打ち合わせの時間はおのずとスケジュールに組み込まれます。それ以外に自分だけのスケジュールを毎日細かく立てたりしても、守れないことが多いと思うのです。

　その代わり、私は日々のルーティンを設定しています。基本的に毎日決まった時間に決まった行動をするということです。実は、中学時代から現在に至るまで、このルーティンは基本的にずっと変わっていません。

　もちろん社会人になれば、イレギュラーな仕事が入り込んでくることもあります。しかし、おおよそ「何時になったらご飯を食べて、何時になったらお風呂に入る」という行動の大枠は変えないようにしています。

　この話を友人としていたとき、「朝起きて、思い立って海に出かけたりすることはないの？」といわれました。「そ

ういうことは一切ない」というのが私の答え。すると「そんな人生、つまらなくない？」とのこと。

　朝起きて突如として「海に出かけよう」と決めて、ルーティンを乱すことのほうが私にとっては大変な苦痛。海に出かけるとしたら、事前に予定を組んでおきたいのです。

　私にとってはルーティンでリズムを保つことが幸せでも、友人はそうは思わない。なにに幸せを感じるかは人それぞれ。それでいいのだと思います。

🖉 アンカーを打つからつらさに耐えられる

　意識してアンカーを打つことは効果的です。私のように「1時間たったら5分間休憩」というのもそうですが、食事の時間もアンカーとなります。高校時代からお世話になっている祖母の家では、食事の時間が決まっていました。時期によって少々変えてもらいましたが、基本は1年を通して同じ時間帯です。

　朝食は6時30分、昼食は正午、夕食は19時からです。休みの日に自宅で勉強しているときなどは、こうした食事がはじまる時刻がアンカーとなり、たとえば昼食をとったあとならば、「夕食まで集中しよう」と気分を新たにすることができます。

　このように次のアンカーがないとダラダラしがちです。そうなるとメリハリがなくなって集中力を失います。とく

パート12　パフォーマンスが劇的にアップする時間術

171

に試験前の時期に、朝起きてから夜まで自分の部屋で勉強するのは、精神的にも体力的にも大きな負担。「1時間やれば休める」「あと1時間でご飯だ」というアンカーがあるからこそ、その間の集中力を維持することができるのです。

✎ ルーティン化すると頭脳が自由に羽ばたく

　私の体験からすると、ルーティンをこなすほうが、頭はよくまわります。ルーティンとは、すなわち決まり切った作業のことなので、あれこれと段どりを考える必要がない。そのため、頭の使い方に余裕が生まれるのです。

　私は仕事で大量のコピーをとる作業がわりと好きです。それは頭を空っぽにできるから。コピーとりという作業は基本的にコピー機がやってくれることなので、自由な発想ができるだけの余裕が、私の頭に生まれるわけです。

　そんなときに「あの仕事は、こうすればもっと早くできる」とか「今まとめているレポートは、あの資料を加えればもっと説得力が増す」といった具合に、新たな"気づき"を得られることがあるのです。皆さんも、似たような体験があるのではないでしょうか。

　ルーティンに従って作業をすることで頭の使い方に余裕が生まれると、頭脳が自由に羽ばたく機会が生まれやすいのです。

そうしたルーティンがなく、「次になにをするんだっけ？」の連続で慌ただしく過ごすことが常態化すると、おのずと頭には余裕がなくなります。頭に余計な負担を強いるわけで、知らぬ間に自由な発想が生まれる貴重なチャンスを失っているかもしれません。

　そういう意味でも、日々の生活にルーティンをとり入れるのも、頭を無駄遣いしないために有効な方法なのかもしれません。

🖉 究極のルーティン

　日々の生活にルーティンをとり入れる例として、私が司法試験の口述試験に向けて限界まで集中して勉強した2週

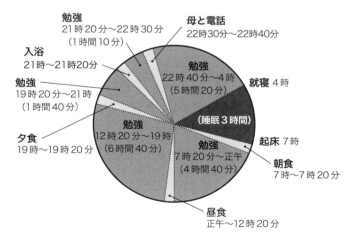

▼ 1日19時間30分勉強！ 究極のルーティン

勉強
21時20分〜22時30分
（1時間10分）

母と電話
22時30分〜22時40分

入浴
21時〜21時20分

勉強
19時20分〜21時
（1時間40分）

夕食
19時〜19時20分

勉強
12時20分〜19時
（6時間40分）

勉強
22時40分〜4時
（5時間20分）

就寝 4時

（睡眠3時間）

起床 7時

朝食
7時〜7時20分

勉強
7時20分〜正午
（4時間40分）

昼食
正午〜12時20分

間が、どんなふうだったのかを紹介します。極端な例となりますが、参考にしてみてください。

1日19時間30分勉強した2週間のルーティンです。勉強以外の4時間30分の内訳は、睡眠3時間、朝昼晩3回の食事各20分、入浴20分、残り10分間は札幌の母と電話をして"正気を保つための時間"でした。厳密にはトイレタイムや着替えの時間もありますが、それは短時間なので省いています。いずれにせよ、生活するうえで必要最低限の時間以外は、すべて勉強にまわす生活を2週間続けたのです。

繰り返しますが、これは極端な例です。「やろうと思えばここまでできる」ということがわかったという意味では、私にとって非常に貴重な体験になりました。

🖊 フリータイムが緩衝材

さらにさかのぼって、高校時代のルーティンも紹介しましょう。次ページにあるのが高校3年生の5月に東大入試の受験勉強をはじめるまでの平日のルーティンです。

わりと典型的な高校生の時間の過ごし方ではないでしょうか。自宅から高校まで少し遠かったので、片道1時間かけて通学。放課後の3時間は、サッカー部のマネジャーとして部活があります。

20時から24時までのフリータイム4時間は本当にフリー。

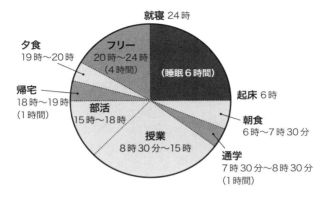

▼ フリータイムが緩衝材 高校時代のルーティン

就寝 24 時

フリー
20 時〜24 時
（4 時間）

（睡眠 6 時間）

夕食
19 時〜20 時

帰宅
18 時〜19 時
（1 時間）

部活
15 時〜18 時

授業
8 時 30 分〜15 時

起床 6 時

朝食
6 時〜7 時 30 分

通学
7 時 30 分〜8 時 30 分
（1 時間）

実家の母に電話をしたり本を読んだり、定期試験前以外はほとんど勉強をしません。宿題が出ればやるくらいで、それでもせいぜい1時間。その場合はフリータイムにこなします。

定期試験前は、このフリータイム4時間と電車で通学する往復2時間、計6時間ほどを勉強にあてていました。フリータイムと通学時間が変動的な役割を果たし、試験前かどうかで、その時間をなににあてるか使い分けていたのです。

✐ 起床、食事、就寝のリズムは変えない

高校3年生の5月から、東大入試の受験勉強を本格的に開始。そのときのルーティンは次ページの通りです。

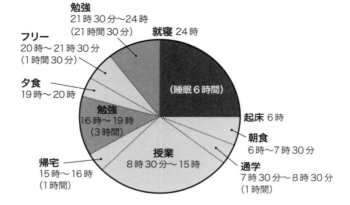

▼ 起床、食事、就寝のリズムは変えない
東大受験勉強のルーティン

勉強
21時30分〜24時
（21時間30分）

就寝 24時

フリー
20時〜21時30分
（1時間30分）

夕食
19時〜20時

勉強
16時〜19時
（3時間）

（睡眠6時間）

起床 6時

朝食
6時〜7時30分

帰宅
15時〜16時
（1時間）

授業
8時30分〜15時

通学
7時30分〜8時30分
（1時間）

　大きな変化は部活がなくなったこと。部活の3時間を勉
強にあてられます。さらにフリータイム4時間のうち、2
時間30分を勉強にあてます。通学時間を除いた自宅での
勉強は16時〜19時と21時30分〜24時の計5時間30分
です。

　ここで注目していただきたいのは、起床、食事、就寝の
各時間は、それまでと変わらないこと。これらの時間を変
えないことでアンカーを打ち、「食事までにここまでやろ
う」「寝るまでにもう少し頑張ろう」と集中力を高められ
るのです。睡眠時間は6時間で、高校1、2年生のころと
変わっていません。

✎ 東大受験直前の勉強は1日14時間30分

　東大試験直前の高校３年生３学期になると、授業がなくなります。私は一番集中できる自分の部屋で勉強したかったので、高校には一切通わないことにしました。その時期のルーティンは以下の通りです。

　私は夜型人間なので、それまでに比べて就寝を１時間遅くするぶん、起床時間を１時間遅らせて、睡眠時間は６時間と変えませんでした。また、夕食が19時のままだと、その前の勉強時間が６時間と長くなり過ぎるので、お世話になっていた祖母にお願いをして１時間早めてもらいました。

▼ 1日14時間30分勉強 東大受験直前のルーティン

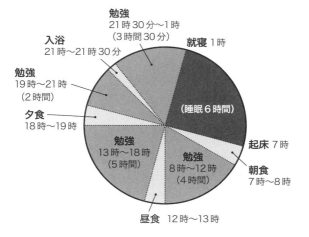

パ
ー
ト
12

パフォーマンスが劇的にアップする時間術

177

受験勉強を開始した高校３年生の５月には、自宅での勉強時間が３時間30分。それに対して３学期に入ってからは14時間30分と急激に増やしました。

　それまで高校の授業が６時間30分、それに通学時の往復２時間の勉強も加えると、「授業６時間30分＋自宅勉強３時間30分＋通学往復２時間＝12時間」、実質的には２時間30分増です。

　そう考えると、無理やり勉強時間を増やしたわけではないことがわかります。それまで続けていたルーティンを微調整した程度だと自分では思っています。

🖊 司法試験は徹底して勉強時間を確保

　続いて、東大３年生で司法試験の勉強をしていたときのルーティンです。

　祖母の家から東大への通学も高校時代とほぼ変わらず片道１時間。高校時代と違うのは、大学の授業の終わりが曜日によってマチマチだということです。早い日なら15時まで、遅い日で17時でしたので、ここでは遅い日の例を挙げます。

　この間、通学時間がもったいないと思い、高校時代と同じように往復２時間の通学を勉強にあてていました。大学に通っているぶん、勉強時間が足りないと感じたので、睡

▼ 徹底して勉強時間を確保 司法試験勉強のルーティン

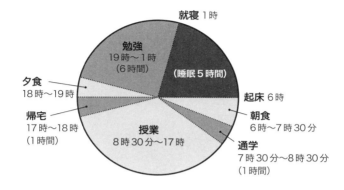

就寝 1時

勉強
19時〜1時
（6時間）

（睡眠 5時間）

夕食
18時〜19時

起床 6時

帰宅
17時〜18時
（1時間）

朝食
6時〜7時30分

授業
8時30分〜17時

通学
7時30分〜8時30分
（1時間）

眠時間を1時間削りました。東大入試前でも6時間の睡眠
は確保していたのですが、このときは5時間睡眠に短縮し
ています。

　さらに司法試験直前1か月の最終的な追い込みに入った
ら、大学の授業は休み、そのぶんの時間を司法試験の勉強
にあてざるを得ませんでした。そのときは友人に協力して
もらって、授業を録音してもらい、司法試験が終わってか
ら勉強したのです。友人の協力には、とても感謝していま
す。

パート12のポイント

● ご飯の時間など、日々の行動の大枠は変えない
● アンカーとなる休憩などがあるから集中できる
● ルーティンに従って行動すると頭脳が自由になる

パート 13 社会人のパフォーマンスアップ術

✎ 中国語検定の失敗談

　私も試験でつまずいたことがあります。それは、社会人になってから中国語検定を受けようと思っていたときのことです。私は中国語検定を甘く見てしまいました。「1か月集中して勉強すれば合格できる」と安易に考えてしまったのです。ところが試験1か月前になると、仕事が急に、ものすごく忙しくなってしまいました。

　学生時代であれば、それこそ司法試験の口述試験前の2週間のように極限まで勉強に時間を割いて、集中して乗り切ることもできたでしょう。しかし社会人になると、そうはいかないことに気づかされたのです。

　仕事がとても忙しく、勉強する時間を確保することができない状態になりました。そこで睡眠時間を削ったのですが、とうとう間に合わず……絶対に合格できないとあきらめた私は、あろうことか試験会場に行くことすらなく、試験をすっぽかしてしまいました。

社会人になると、すべての時間を自分の思うがままに使えるわけではありません。急に仕事が入るかもしれないので、学生時代より余裕を持って勉強をはじめないと間に合わない。そんな当たり前のことに、身をもって気づかされたのでした。

🖊 仕事後にそのままオフィスで勉強

　私はアメリカのロースクール（法科大学院）を受験したこともあります。中国語検定での失敗を活かし、余裕を持って準備しました。このときのルーティンは、次ページの通りです。

　このころは祖母の家を出てひとり暮らしをしていたので、通勤時間は30分に短縮しました。仕事が終わる時刻は日によってマチマチですが、試験前には可能な限り18時には終えるようにしていました。

　そうはいっても翌朝5時まで徹夜仕事ということもあります。こうしたイレギュラーを想定し、ある程度の余裕を持って試験勉強をスタートしました。

　基本的に18時に仕事を終えると、そのままオフィス（個室）で勉強をはじめ、22時くらいまでやります。

　ロースクールの受験勉強は私の仕事に直結することなので、オフィスで勉強をすることを許可してもらえました。しかし、仕事に直結しないケースでは、厳密にはルール違

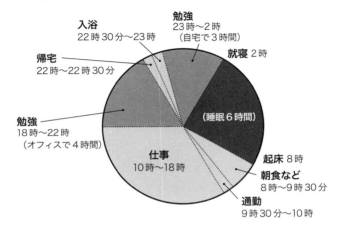

▼ 仕事のあとにそのままオフィスで勉強

入浴
22時30分〜23時

勉強
23時〜2時
（自宅で3時間）

就寝 2時

帰宅
22時〜22時30分

勉強
18時〜22時
（オフィスで4時間）

（睡眠6時間）

仕事
10時〜18時

起床 8時

朝食など
8時〜9時30分

通勤
9時30分〜10時

反になるかもしれません。オフィスで勉強する場合、あらかじめ上司に相談したほうが無難だと思います。

　会社で勉強することが許されない場合、遅くまで開いている図書館や、多少お金はかかりますがレンタルオフィスを利用するという手もあります。

✐ 社会人の勉強は最長で「3時間30分×2」

　基本的に18時で仕事を終えてから、帰宅して自分の部屋で勉強しないのは理由があります。私は夜型人間なので、夜遅い時間帯にも勉強します。18時から勉強をはじめて深夜2時まで。このサイクルでは、22時を過ぎると、どうしても疲れてくることが体感的にわかってきました。

そこで、22時にいったん勉強を終えて、場所を替え、お風呂に入ることで、頭を切り替えるようにしているのです。これも「アンカーを打つ」という考え方に基づいています。

これは、学生時代には必要のなかった切り替えです。仕事と勉強を両立させようとすると、やはり学生時代より疲れます。働きながら1日7時間も勉強しているのですから、疲れるのも当たり前かもしれません。

社会人の勉強は1日最長7時間を目安にして、3時間30分を2回に分け、その間になんらかの切り替え（場所、食事、休憩など）ができるようにすると、効率がいいと思います。

私と違って朝に強い人であれば、朝早く起きて勉強して、仕事が終わったあとにもう1回勉強するというルーティンでもいいでしょう。

いずれにせよ社会人ともなれば、毎日まったく同じルーティンをこなせるとは限りません。また、仕事が忙しかったり、一家団らんの時間を優先したりするのであれば、勉強時間が十分に確保できないこともあり得ます。そのぶん、早い時期から勉強するといった個々の事情に合わせた工夫が必要になります。

勉強は質と量がともに大切です。質は「7回読み勉強法」で高まるとして、量は「期間×1日あたりの時間」できち

んと想定しましょう。私は基本的に短期間に集中して勉強したいタイプです。しかし、どうしても時間を確保できそうにないときは、期間を長くするしかありません。

✎ 睡眠は絶対におろそかにしない

私は寝つきが悪いです。ベッドに入ってもなかなか寝つけません。幼いころ、保育園のお昼寝の時間でさえ、一睡もしたことがなかったほどです。寝つきの悪さは生まれつきといっていいかもしれません。

それだけに良質な睡眠を確保したいという思いは、小さなころからありました。中学時代、睡眠には「レム睡眠」と「ノンレム睡眠」があり、この2つは90分周期なので、90分の区切りで起きると目覚めやすいということを知りました。

それ以来、私は90分の倍数での睡眠時間を意識しています。6時間睡眠をベースにしているのはそういう理由によるものです。これを削るのは、いよいよ切羽詰まった試験直前など短期間に限ってきました。

ところが、財務省のキャリア官僚、弁護士として働いていたときも、仕事の締め切りに間に合わせるため、徹夜仕事を避けられないことがありました。そんなときは朝帰りして寝るわけですが、どうしても疲れがとれない。集中力もガタ落ちです。

勉強は質と量がともに大切ですが、睡眠も同じです。つまり、睡眠時間を確保するだけでなく、眠りにつく時間帯も大きく影響するという当たり前のことを自覚したのです。

　なかなか眠れないときでも、目をつぶって横になっているだけで、かなり疲れがとれると知ってからは、眠りに対してずいぶんと気が楽になりました。

　それでも、寝つきがよくなるための努力は欠かしていません。私は経験から、いったん体が温まって、冷えるときに眠くなることがわかりました。そこでお風呂に入るタイミングに気をつけています。試験勉強期間を除いて、お風呂に入るのは、眠りにつく1〜2時間前。そうすると適度に温まった体が、少し冷めていく過程で眠りに落ちることができるのです。

　仕事をして帰ってきた時点で、体は固まり気味です。それを温めて、リラックスさせるタイミングに気を使っているわけです。

🖊 睡眠と食事でアンカーを打つ

　中学時代から現在に至るまで、ずっと大切にしているのが6時間睡眠という原則ですが、それは睡眠がリフレッシュするために欠かせないものだからです。なるべく睡眠時間を削らず、しかも早く深く眠るための試行錯誤は今でも重ねています。

睡眠時間を削ると、そのぶんの負担がかかってきます。やむなく徹夜仕事をすると、翌日は使いものになりません。プラスマイナスゼロなのではなく、生活リズムが乱れるためマイナス面のほうが大きくなってしまいます。

　本書に綴ってきた勉強法で大切なのは、それを下支えする睡眠です。就寝と起床の時刻が必要最低限の1日のアンカーになります。私の場合、1日24時間から睡眠6時間を差し引いた残り18時間を、日々の生活でどう割り振るかがポイントなのです。

　わかりやすいのは、食事です。残り18時間に、1日3回の食事というアンカーを打てば、1日のルーティンはおのずと固定化されます。勉強も仕事もリズムが大切。できるだけルーティン化して、とくに「7回読み勉強法」では、同じことを繰り返し続けることが大切なのです。

　闇雲に「毎日7時間勉強しよう」なんて固く決心しても続かないことでしょう。発想を逆転させるのです。7時間勉強するのではなく、「空き時間を勉強にあてる」。その結果、1日7時間勉強できたら上出来。そうやって睡眠と食事の時間をアンカーにして、空き時間を見える化するのです。それが成功の秘訣です。

● 社会人の勉強は1日最大7時間が目安

● 途中で場所を変えたりしてアンカーを打つ

● アンカーを打つことで空き時間が見える化される

パート13 社会人のパフォーマンスアップ術

エピローグ
昨日の自分に今日は勝つ!

　本書のプロローグでも述べましたが、私は天才ではありません。「東大首席で元財務官僚、ハーバード卒ニューヨーク州弁護士」というスペックだけを見れば、確かに華々しい経歴に思われるかもしれません。しかし、私自身は抜きんでた IQ の持ち主ではなく、いたって一般的な頭脳の持ち主。それを自覚したうえで人並み以上の努力を重ねることで、経歴を積み重ねてきたのです。

　本書の読者の皆さんは、受験勉強を控えた学生さんやその親御さん、資格試験を控えた人、はたまた仕事でのパフォーマンスを高めたいビジネスパーソンなど、多岐にわたると思います。

　日々の勉強や仕事は、いわば小さな「点」です。その小さな点を打ち続けていくのが努力です。毎日、毎日、小さな点を打ち続けていくうちに、いずれそれが「線」になります。その線が向かうゴールを見失わないように努力を重ねることが大切です。

　幼いころの私には、心ときめく「夢」がありました。それは将来、キャリア官僚になるということ。その夢は、いわばゴール。東大に入って国家公務員 I 種試験に合格することは、そのための手段だったわけです。

あくまでも、ゴールは夢の実現。私の場合、キャリア官僚になることを考えると心がときめき、東大＆国家公務員Ⅰ種試験合格という高いハードルをクリアするモチベーションになったのだと思います。

　私は、東大入試も司法試験も国家公務員Ⅰ種試験も、勉強している間ずっと、自分の成長曲線をイメージしていました。横軸が時間、縦軸が学力（模試の偏差値など）として、自分がどう成長しているのかをつねに意識していたのです。

　ですから、「今日はたくさん勉強した」という単なる自己満足、いわば目的を見失った"勉強のための勉強"になることはありませんでした。「昨日の自分に今日は勝つ！」という成長する感覚をつねに意識していたのです。

　夢の実現という山の頂に向かって、自分の脚で一歩一歩、着実に登っていくような気持ちです。それも山の頂を見据えているからできたことです。

　夢があり、それを実現するための目的があり、夢に続く真っ直ぐな道を信じることができたから、その道を迷うことなく進む努力を続けることができました。

　私にとって、勉強のモチベーションの源泉は、夢に向かって確実に進んでいる自分自身を自覚することだったともいえます。メリットを自覚できない努力は、線にならない

ので、夢の実現にたどり着きません。

　夢や目的を見失うと勉強は無意味になります。勉強とは夢を実現するための手段でしかありません。そう考えられなければ、これまでの難関試験に合格することはなかっただろうと思っています。

　本書を読んでくださった皆さんが、自分自身の夢を実現するために「7回読み勉強法」を活用していただければ、著者として幸いです。

山口真由

著者略歴

山口真由（やまぐち・まゆ）

2006年東京大学法学部を卒業後、財務省に入省し、主に国際課税を
含む租税政策に従事する。その後、日本での弁護士経験を経て、ハー
バード・ロースクールに留学、修了し、ニューヨーク州弁護士資格
を取得。帰国後は、東京大学大学院法学政治学研究科総合法政専攻
博士課程に進み、20年、博士課程修了。21年より信州大学特任教授。
著作に『世界一やさしいフェミニズム入門　早わかり200年史』（幻
冬舎新書）、『『ふつうの家族』にさようなら』（KADOKAWA）な
どがある。

どんな試験も一発合格する完全独学術

2023年4月6日　初版第1刷発行

著　　　者　山口真由
発 行 者　小川 淳
発 行 所　SBクリエイティブ株式会社
　　　　　〒106-0032　東京都港区六本木2-4-5
　　　　　電話：03-5549-1201（営業部）

装　　　丁　小口翔平＋後藤司（tobufune）
本文デザイン・DTP・図版　アーティザンカンパニー株式会社
校　　　正　ペーパーハウス
企画協力　テイクシンクinc.
編集協力　横山愛磨
編集担当　山田涼子
印刷・製本　大日本印刷株式会社

本書をお読みになったご意見・ご感想を
下記URL、またはQRコードよりお寄せください。

https://isbn2.sbcr.jp/20219/